楊鴻銘著

高中國文課文析評

第二冊

文史哲出版社印行

高中國文課文析評（第二冊）

著　者：楊　鴻　銘
出版者：文史哲出版社
登記證字號：行政院新聞局局版臺業字〇七五五號
發行所：文史哲出版社
印刷者：文史哲出版社
臺北市羅斯福路一段七十二巷四號
郵政劃撥儲金帳戶一六九九五號
電話：三五一一〇二八
實價新台幣三〇〇元
中華民國七十二年六月初版

許序

於升學制度下，高中國文之教學，輒倒置本末，未辨輕重。但求字句之訓詁與翻譯，疏略章法之結構與作者之深意；故國文程度低落之聲屢起。

考試引導教學，爲時久矣；然有志者，似宜彈性變化，固不必受其拘囿也。於教材之中，融入文章作法，使同學因「摩體」而「定習」；闡發作者旨意，沐浴同學於高尚氣節之中。如此教學，不亦宜乎？

楊君鴻銘，教學資歷雖淺；然其體會、觸發者實多。今謹以所得，操管筆之書上，期能分享於同好，用心可堪嘉許；故余樂爲之序。

中華民國七十二年四月廿六日許義雄序於臺北師範大學

序

文章自然天成，本無章法可言；鑑賞貴於體會，何必強作詮釋？然如能歸納前文，分析結構，使後進有所持循；咀嚼文字，闡發微言大義，俾學者得以進窺聖賢之智慧；豈不佳妙？

高中國文教學，圈囿之於升學考試，故教學重點，每每著重於字句之解釋與課文之翻譯上；至於文章之結構、作者爲文之深意，輒略而不談；足可痛心！韓愈於師說一文中嘗言：「小學而大遺，吾未見其明也。」其此之謂乎！

「高中國文課文析評」一書，以文學理論爲經，以深究鑑賞爲緯，兩兩交織成文。融滙文章深意與章法結構，逐篇逐節詳加解說、分析、批評；末附圖表，提綱而挈領焉。可供老師教學之參考，啓迪初學直探作者之本意；庶幾誘導興趣，提升其程度。

本書辱承 許師義雄賜序、摯友 杜兄忠誥題字，增輝生色者多；又蒙文史哲出版社負責人 彭正雄先生鼎力支持，始克刋行。今書成之時，謹此呈奉謝意。

楊鴻銘謹識於臺北有心齋 七二、四、廿六

高中國文課文析評 第二冊 目次

一　黃花岡烈士事略序

孫　文

滿清末造，革命黨人，歷艱難險巇，以堅毅不撓之精神，與民賊相搏，躓踣者屢。死事之慘，以辛亥三月二十九日圍攻兩廣督署之役爲最；吾黨菁華，付之一炬，其損失可謂大矣！然是役也，碧血橫飛，浩氣四塞，草木爲之含悲，風雲因而變色，全國久蟄之人心，乃大興奮，怨憤所積，如怒濤排壑，不可遏抑，不半載而武昌之大革命以成。則斯役之價值，直可驚天地、泣鬼神，與武昌革命之役並壽。

顧自民國肇造，變亂紛乘，黃花岡上一抔土，猶湮沒於荒煙蔓草間。延至七年，始有墓碣之建修；十年，始有事略之編纂。而七十二烈士者，又或有記載而語焉不詳，或僅存姓名而無事蹟，甚者且姓名不可考；如史載田橫事，雖以史遷之善傳游俠，亦不能爲五百人立傳，滋可痛已！

鄒君海濱，以所輯黃花岡烈士事略，丐序於予。時予方以討賊督師桂林，環顧國內，賊氛方熾，杌隉之象，視清季有加；而予三十年前所主倡之三民主義、五權憲法，爲諸先烈所不惜犧牲生命以爭者，其不獲實行也如故；則予此行所負之責任，尤倍重於三十年前。倘國人皆以諸先烈之犧牲精神，爲國奮鬥，助予完成此重大之責任，實現吾人理想之眞正中華民國，則此一部開國血史，可傳世而不朽。否則，不能繼述先烈遺志且光大之，而徒感慨於其遺事，斯誠後死者之羞也！予爲斯序，旣痛逝者，並以爲國人之讀玆編者勖。

——總理全書——

分析

序，文體的一種，說明作者的旨趣。鄒海濱氏撰成黃花岡烈士事略一書，歷載辛亥三月廣州之役，青年熱血沸騰、志氣豪邁、驚天動地的壯擧，請求 國父爲書寫序，以資紀念。

本文旨在勉勵青年積極奮發，力圖振作；繼往聖，啓後進；效法先烈犧牲精神，而盡心於國事之上；俾以實現三民主義，完成革命建國的重大使命。本文以「全國久蟄之人心」的「心」字爲線眼，或隱或顯的伏脈文中，籠貫全文。文分三層：

第一組：追敍辛亥三月廣州之役，以揚筆極寫犧牲的慘烈，頗能令人動容。

一、敍：

㈠槪說革命：從滿淸末年敍起，起筆很遠。

1. 時間：「滿淸末造」：儀禮士冠禮：「公侯之有冠禮，夏之末造也。」末造本謂夏朝將亡時所制作的，後代引申爲末世之意。

2. 人物：「革命黨人」：點出「革命」，直應題文「黃花岡烈士事略序」的「烈士」二字。

3. 過程：

(1)環境：「歷艱難險巇」：「艱難」，困厄多阻；「險巇」，危險重重；既歷困厄之境，又經危險之時；極言革命的慘烈，爲下文的抒描預作張本。

(2)人爲：「以堅毅不撓之精神」：照應題文「烈」字。

(3)事件：「與民賊相搏」：「民賊」照應上文「滿清」二字。敍事言「滿清」，敍革命言「民賊」；措辭頗能襯境，文字很是靈活。

「躓踣者屢」：收概說革命一節。

(二)詳敍革命：於十次革命中，僅就三月二十九日廣州之役詳加鋪敍。

1. 役別：「死事之慘，以辛亥三月二十九日圍攻兩廣督署之役爲最」：「三月二十九日」，點出題文「黃花岡」三字；「圍攻兩廣督署之役」，補敍辛亥革命，說明攻打的目標；「圍攻」敍進兵的方式。

2. 經過：「吾黨菁華，付之一炬」：照應題文「烈士」，點出犧牲的人物—「菁華」；更能襯出「死事之慘」，突顯該役的不凡。

「其損失可謂大矣」：收詳敍革命一節。

概說就整個革命而言，範圍較大；詳敍僅就辛亥革命而言，範圍較小。兩者敍述的方式、旨意相同；但作者爲了震撼人心，所以在概說之後，又以詳敍進一層鋪述，氣勢酣暢淋漓。在章法上，以概說襯境，蓄積文勢；突顯詳敍，逼出主題。

二、議：就作者感受，抒發議論。

1.戰鬥慘烈：「然是役也，碧血橫飛，浩氣四塞」：「然是役也」，文章的過峽，承上文，啓下文，銜接上下文，使文字緊湊而不鬆散。「碧血橫飛」，指實質的軀體、力量，「浩氣四塞」，指精神、氣節。

「浩氣四塞」意含：

(1)犧牲的慘烈。

(2)意志的高昂。

(3)正義的凛然。

「草木爲之含悲，風雲因而變色」：補敍「碧血橫飛，浩氣四塞」：

(1)以移情作用比喻戰鬥，狀其慘烈的情形。

(2)化「草木」、「風雲」的無知爲「含悲」、「變色」的有情，更能具體摩繪當時的情形。

2.興起人心：「全國久蟄之人心，乃大興奮」：承上文革命引出的影響。

「如怒濤排壑，不可遏抑」：補敍興起人心句。以「久蟄人心」與「不可遏抑」並舉，頗有明顯的對比作用。

3.完成革命：「不半載而武昌之大革命以成」：收戰鬥慘烈及興起人心兩節文字。

戰鬥慘烈是因，興起人心是行，完成革命是果：層次分明。

「則斯役之價值，直可驚天地，泣鬼神，與武昌革命之役並壽」：收本段文字：

1.以評論作結，文筆戛然而止，饒富餘味。

2.以辛亥革命引發武昌之役；末以武昌、辛亥並列，突顯辛亥革命，頗具匠心。

第二組：以抑筆感慨黃花岡之役，烈士殉國卻未能留下事跡。

一、敍：

㈠未能褒揚：烈士爲國犧牲，但英冢却被荒草湮沒，令人痛心；點出鄒魯作黃花岡烈士事略一書的動機。

1.原因：「顧自民國肇造，變亂紛乘」：「顧」，過峽文字；「變亂紛乘」是爲原因。

2.湮沒：「黃花岡上一坏土，猶湮沒於荒煙蔓草間」：點出鄒海濱撰寫黃花岡烈士事略一書的原因，在於爲革命烈士記存事跡。

㈡略作記存：

1.建碑：「延至七年，始有墓碣之建修」：「延」字，極言忽略之意。「延」字與「始」字並擧，趣味頓生，頗寓感歎。

2.纂書：「十年，始有事略之編纂」：又用「始」字，進一層感歎。

二、議：

㈠事跡不詳：不詳情形有三：

1.「或有記載而語焉不詳。」

2.「或僅存姓名而無事蹟。」

3.「甚者且姓名不可考。」

由「語焉不詳」而「僅存姓名」，而「姓名不可考」，一層一層加強語氣，條理很是明晰。兩「或」字之後著一「甚」字，勾出作者感歎的深刻。

㈡引證：藉史遷載田橫事，襯出黃花岡烈士事跡的不明。

「如史載田橫事」：田橫拒漢招降，自殺；所屬五百部衆，也都守節殉身了。

「雖以史遷之善傳游俠，亦不能爲五百人立傳」：前句揚筆，反襯下句抑筆，文意頗爲深刻，意象也很鮮明。

以田橫事突顯烈士，以「史遷之善傳遊俠，亦不能爲五百人立傳」事極言立傳的不易。

引證的原因：

1. 田橫事跡與烈士殉國雷同。

2. 以田橫事跡正襯烈士的慘烈。

第三組：文章餘波：敍作序原因，並勗勉國人。

一、作序原因：「鄒君海濱，以所輯黃花岡烈士事略，丐序於予。」

二、勗勉國人：

㈠追敍：

1. 「時予方以討賊督師桂林」：過峽，承上啓下；點出作序地點。

1. 客觀環境：「環顧國內，賊氛方熾，杌隉之象，視清季有加」：在自然情勢上，由於「賊氛方熾」，所以危險的局面，比清朝更爲嚴重。

2. 人爲環境：

(1) 三民主義、五權憲法不獲實行：「不獲實行也如故」的「也」字，寫盡作者心中的感歎。

(2) 插敍：「爲諸先烈所不惜犧牲生命以爭者」：插敍此節，極言三民主義、五權憲法的得來不易；爲下文蓄勢，點出「也如故」的深沈感歎。

「則予此行所負之責任，尤倍重於三十年前」：照應「時予方以討賊督師桂林」，收束追敘全部文字。

㈡落實：勉勵國人，是爲餘波的主旨所在。

1.正說：以假設語氣，虛寫作者心中的理想。

(1)完成責任：「倘國人皆以諸先烈之犧牲精神，爲國奮鬥，助予完成此重大之責任」：行文在餘波中，仍能以「先烈」句遙映上文黃花岡事，頗能連貫一氣，面面俱到而緊扣題旨。

(2)建設民國：「實現理想之眞正中華民國」：承完成責任進一層鋪敘。「則此一部開國血史，可傳世而不朽」：收虛寫一節，照應上文「黃花岡烈士事略」書。

2.反說：以假設語氣，虛寫作者心中的憂慮。

(1)不能承志：「否則，不能繼述先烈遺志且光大之」：又應上文「先烈」。

(2)後死之羞：「而徒感慨於其遺事，斯誠後死者之羞也」：「徒」，用字靈活，頗能引人深思。

三、作序目的：總收全文。

1.「既痛逝者」：承先烈而言，是「繼往」的心情。

2.「並以爲國人之讀茲編者勖」：就國人而勉勵，是「開來」的心情。

批　評

一、以曲筆蓄積文勢：文端首敍「躓踣者屢」，泛說一般的革命情形；次以「兩廣督署之役爲最」，點出最爲慘烈的戰役；次以「碧血橫飛，浩氣四塞」極爲戰鬥的慘烈。前兩節只是點到爲止，行文言及戰爭卽行頓住；待三節具體而詳盡的抒描。前兩節頓住文意，蓄積文勢，至三節才一筆傾出文氣，逐層加強，在「與武昌革命之役並壽」句達到了最高點。

二、音節抑揚襯境：首段文氣明暢雄渾，就烈士戰鬥的英武，與精神的撼動天地力予舖寫，讀來音節鏗鏘剛強，懔人的氣勢油然而生。次段文意低沈，音節舒緩，讀了使人不勝感歎。

三、夸飾作用：首段敍寫戰事，多用夸飾詞語，寫盡「驚天地、泣鬼神」的豪壯慘烈精神。如：「碧血橫飛」、「怒濤排壑，不可遏抑」句等是。

四、移情作用：將自己的感情移注事物上，使事物也產生了人類的情感，是爲移情作用。移情作用可使文意深刻而鮮明，文字活潑而生動。如：「草木爲之含悲，風雲因而變色」、「怒濤排壑」、「驚天地、泣鬼神」等是。

文章分析略表

黃花岡烈士事略序

- 心
  - 追敘（揚）
    - 敘
      - 概說革命
        - 情境—時間—「滿清末造」，
        - 人物—「革命黨人」
        - 過程—「歷艱難險巇」
        - →「躓踣者屢」
      - 詳敘革命—「吾黨菁華，付之一炬」
      - →「其損失可謂大矣」
    - 議
      - 戰鬥慘烈—「碧血橫飛，浩氣四塞」
      - 興起人心—「全國久蟄之人心，乃大興奮」
      - 完成革命—「不半載而武昌之大革命以成」
      - →「與武昌革命之役並壽」
  - 感慨
    - 敘
      - 未能褒揚—「變亂紛乘」
      - 略作紀存—七年建碑，十年編纂事略
      - →事蹟湮沒
    - 議
      - 事跡不詳—「語焉不詳」、「僅存姓名」、「姓名不可考」
      - 引證—史遷不能爲田橫部衆立傳
      - →立傳困難
    - →「滋可痛已」
  - 餘波
    - 追敘
      - 客觀環境—「賊氛方熾」
      - 人爲環境—三民主義、五權憲法不獲實行
      - →「杌隉之象，視清季有加」
    - 落實
      - 正說
        - 完成責任—效法先烈精神
        - 建設民國—建設理想之中華民國
        - →開國血史，傳世不朽
      - 反說—不能繼志光大，後死者之羞

→「既痛逝者，並以爲國人之讀茲編者勗」

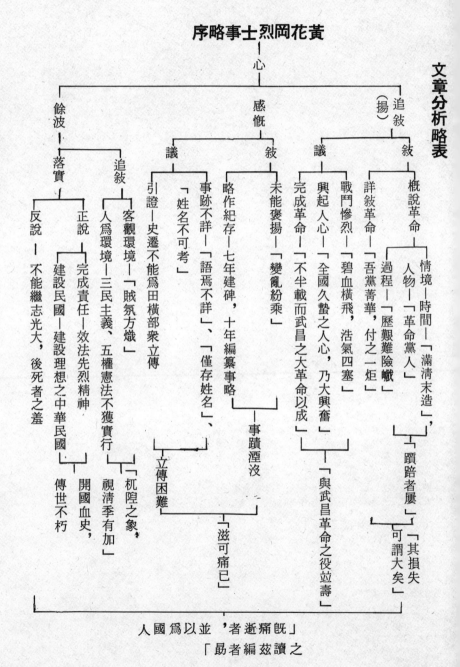

二 報國與思親

蔣中正

中正半生憂患，革命報國之志未遂百一，而五十之年忽焉已至。慨自弱冠以前，革命從戎，卽受國家教養，迄今三十餘年。凡吾所食所衣與夫一切生活所需，無一不仰給於國家，亦卽無一非民衆之脂膏與血汗。中正蒙恩被澤，可謂深且厚矣。今玆又承吾海內外同胞男女老幼節衣縮食，購機見祝，精誠相感，勖勉備至。吾同胞策勵之力與期望之殷，蓋如此其甚，益使中正慚惶惴慄，不知將何以圖報也。更念往日明師之教益，同志之扶持，與夫袍澤之患難相共，犧牲相繼，往事歷歷，如在目前。至今戎馬餘生，靦然視息，俯仰天地，誠又不知何以爲懷。其間影象最深刻而不能一日忘者，則不肖孤露之身，自鞠育敎誨，以至於成年，胥唯母氏劬勞之賜爲獨多。迄今吾母墓木已拱，而慈闈所望於藐孤以報國淑世不辱其先者，乃蹉跎而無所成就。黨國多艱，民生日瘁，復興之業，前路方遙。維歲月之不居，愧天職之未盡，撫玆時序，尤爲徬徨悚息。爰述吾母夙昔保家敎子之道，藉明孤苦成立之艱，且願以刻苦自强之義，與吾同胞同志相共勉於報國之業焉。

中正生長鄉僻，家僅溫飽。吾祖吾父數世耕讀，勤愼節儉，薄有資蓄。中正九歲喪父，一門孤寡，煢孑無依，其時清政不綱，吏胥勢豪，夤緣爲虐。吾家門祚既單，遂爲覬覦之的。欺陵脅逼，靡日而寧，嘗以田賦徵收，强令供役；產業被奪，先疇不保；甚至搆陷公庭，迫辱備至。鄉里既無正論，戚族亦多旁觀。吾母子含憤茹痛，荼蘖之苦，不足以喩。當此之時，獨賴吾母本其仁慈，堅其苦節，毅然自任以保家育子之重。外而周旋豪强，保護稚弱，內而輯和族里，整飭戶庭，罔不躬親負荷，謹愼將事。其於中正撫愛之深，常如嬰孩；而督敎之嚴，甚於師保。出入必檢其所攜，游息必詢其所往，讀罷歸來，必考其所學；而又課以灑掃應對之儀，敎以刻苦自立之道，督令躬親傭保猥賤之工作，以勵其身心；夜寐夙興，無時不傾注其全力，期撫孤子於成立。中正幼性頑鈍，弗受繩尺，又出身孤弱，動遭擠擯，及年稍長，立志出國學習學旅，鄉里譁異，輒相尼阻；其力排羣議，拮据籌維，以成其學業者，吾母也。既聞革命大義，許身黨國，備歷艱危，戚族相戒，莫敢通問；其篤信不疑，多方委曲以壯其行，辛苦持家以堅其志者，吾母也。民國紀元，中正始有以致菽水之養，而稍慰倚閭之望；然吾年於玆，已荏苒二十有五矣。以軍閥竊國，主義未行，革命事業，屢遭挫折；其剴切申戒，勖以勿餒勿輟，貫徹始終者，又罔非吾母聖善之敎也。

溯自中正九歲以至二十五歲，吾母殆無日不困心衡慮於家難之迍邅；及中正二十六歲以後，又常以亡命生活勞吾母之顧念。吾母惟一秉自信之堅，以再造吾家爲惟一之責任。嘗語中正，謂吾以煢煢弱蔘，歷人世難堪之境，當其孤苦，曾不知何以自全。所確信而不疑者，則惟孤子之必須教養方可有成，與吾家之必當有後，宜使之努力自助，以毋墜家聲而已。又嘗謂艱危困厄，世所恆有，而自立自强必當盡其在我。故家世愈艱，而禮法不可不飭；門祚愈薄，而志氣不可不堅。孤寡弱小之賴以自存，舍奮勉自立、刻苦自强，更無他道。及中正矢志革命，吾母又嘗勉以大孝報國之義，謂追念吾家往昔岌岌不保之苦狀，卽當推而廣之，俾人世無復有强陵衆暴之慘史。故口體之養，世俗之譽非所以盡孝；男兒惟以身許國，乃爲無忝於所生。凡玆懿言，皆吾母詔示中正所以立身處世之道，中正雖勉思繼述，而迄今猶無以慰吾母九泉之望。每憶昔日寡母孤兒形影相依之情景，彌覺罔極深思之圖報無日也。

中正既蒙國恩，彌懷母教，輒自檢討其五十以前之人生，究爲如何之身世。則不能不認前二十五歲乃爲茹蘖含辛、遭逢家難、零丁孤苦、困知勉行之身世；後二十五歲乃爲承負國難、顚沛困厄、動心忍性之身世。艱難歲月，逝者如斯，更不知以後是否再有二十五年之身世，而此後之二十五歲，究不知其身世爲何如也？由剝而復，事在人爲；察往知來，理有可信。是以中正於此，不能不爲吾同胞同志進而闡論國家民族所以自立之道。先哲有言，國肇於家。故家庭興廢之理，可通於國。國之盛衰靡常，正猶家之興廢無定。其或不勝摧折，而終於敗亡，或蹶然興起，以自致富强，則悉視其國民之覺悟及努力與否以爲斷。中外古今，事無二致，而近百年間，新興諸邦艱苦復興之史蹟，尤足爲吾人今日之楷模。天下無不勞而倖得之收穫，亦無徒勞不穫之耕耘。唯貫以一致之精誠，出以持續之努力，則任何艱危，無不可以突破之理。以中正所躬自體驗者言，吾家當中正幼時，孤弱艱危，可云至矣。然而豪强之侵逼，能陷吾母子於困厄，而不能挫吾母保家教子之志節，亦不能阻吾家自求多福之途徑；則知天下事安危禍福，罔非自致而轉弱爲强，必資自力明矣。吾國自十四年　國父孫先生崩殂以後，內外交迫，禍亂相乘。始則赤燄蔽天，黨國屢危；繼則外侮頻仍，東北淪陷。其間疑懼交作，謗讟叢生，民命國脈，朝不保夕者，蓋十有餘年矣。其情勢之危急悽厲，實較中正九歲喪父時童昏無知，孤寡失倚者爲尤甚。然中正猶以爲一時之艱危不足憂，公理之消沈不足懼，國力之薄弱亦不足患，而存亡興廢所繫，惟問吾國民有無勵精知恥刻苦自强之決心。苟吾同胞皆能以孤寡再造衰宗之志，戮力報國，則國家之轉危爲安，必可計日以待。而吾全國諸姑姊妹咸能致力於持家教子，知禮明義，則於國家民族富强康樂之關係爲尤大也。以中正個人之身世而論，自孤幼以至今日，其獲益於賢母之家教與良妻之內助者，殊非淺鮮。苟吾全國二萬萬女同胞皆能如吾寡母之保家教子，使爲人子者皆能保衞其國，豈有不能致華夏於復興之理？蓋無論國家與個人所以競立於斯世，其道不外乎自立自助與自强。惟自立乃有以自存，惟自助始可得人助。而國家當衰微危弱之際，爲國民者尤當察所處環境之險惡，明自身地位之孤弱；勿懾於强暴，以餒其氣；勿狃於急效，而亂其心。是則刻苦自强之義，更爲復興建國之要圖，所當無間始終，一以精誠貫徹之者也。惟吾先民之教，以孝爲先。　總理嘗語吾人，以中國立國自有其道，不可徒效外國之皮毛，更不可抄襲帝國主義者之覇道。「忠、孝、仁、愛、信、義、和、平」八德，爲吾中華立國固有之精神與道德，而孝道尤爲　總理遺教所特重；可知中國立國之道，自來皆以孝爲本。惟孝莫大於尊親，其次曰不辱。所謂尊親，謂發揚光大吾祖先黃帝之遺緒；所謂不辱，謂當勿貽吾父母以隕越之羞。以我民族歷史文化之久遠，我不自亡，人孰得而亡我？誠使我同胞人人有「恥不若人」之覺悟，而昕夕惕勵於雪恥圖强之一念，鍥而不舍，金石可鏤，則不辱之義，庶乎得之。

中正俯仰國家，深愧職責未盡，旣無以副國民殷殷之望，亦有負我寡母閔斯鬻子之勤，復何敢自信其能勝吾寡母平生保家教子之重任，勉盡中正今日報國之天職於萬一。然而撫時感事，推小及大，所祈望於吾全國同胞以孤孽自居，以精誠自勵，共同一致，奮勉自强，以保我民族歷史於千秋萬世者，其意彌摯，而所望彌切。唯報國家之願一日不達，卽鮮民之痛一日不得而紓；是用不辭覼縷，歷述此一日間之所感，用彰以往蹉跎之過，而期補贖於來茲。吾海內外全體同胞倘不以吾言爲謬，曉然於家國興亡之道，以黽勉提挈，共同致力於報國根本之途，此則中正之所大願，亦卽所以期報國家民族與吾全體同胞於萬一者也。

——蔣總統言論集——

分析

民國二十五年十月三十一日，是為　蔣公五十壽辰，全國同胞發起獻機祝壽運動，情況至為熱烈。蔣公有感五十年來遭逢家艱國難，歷經困厄險阻；因此特撰本文發抒感想，並以刻苦自強之義，期與全國同胞共勉。

本文以「孝」字為線眼；縷述母親的辛勞，將成就完全歸於母教之上；進而移孝作忠，盼能發揚大孝的精神，是為全文的主旨所在。由緬懷過去—「思親」，到寄望將來—「報國」；以孝字為基礎，勉為國家效力，正是　蔣公人格的高潔處。全文以追敘的筆法，羅縷紀存過去的事跡，文分三部：

前部：序言；就五十年來感慨作一概說，中部再行詳敘。

一、總說：「中正半生憂患……而五十之年忽焉已至」：「半生」、「五十」，點出作文時間；「憂患」，明標生平遭遇。

二、分敘：追敘生平。

㈠國家教養：著墨於「養」字。

1. 敘述：「慨自弱冠以前……迄今三十餘年」：「革命從戎」、「國家教養」，暗點題文「報國」二字。

「凡吾所食所衣與夫一切生活所需……亦即無一非民衆之脂膏與血汗」：補敘「國家教養」的「

養」字。

2.感慨：「中正蒙恩被澤，可謂深且厚矣」：收上文。

(二)購機見祝：著墨於「養」字。

1.敍述：「今茲又承吾海內外同胞男女老幼節衣縮食，購機見祝」：「購機見祝」句，就「受國家教養」更推進一層文意。

2.感慨：「吾同胞策勵之力與期望之殷……不知將何以圖報也」：收上文。

「精誠相感，勗勉備至」：補敍「購機見祝」。

(三)明師教益：著墨於「教」字。就外在的教而言。

1.敍述：「更念往日明師之教益……犧牲相繼」：明師、同志、袍澤三者，是爲教的來源。

「往事歷歷，如在目前」：補敍「患難相共」。

2.感慨：「至今戎馬餘生……誠又不知何以爲懷」：收上文。

(四)慈母誨教：著墨於「教」字，就內在的教而言。

1.敍述：「其間影象最深刻而不能一日忘者……胥唯母氏劬勞之賜獨多」：暗點「孝」字。

2.感慨：「迄今吾母墓木已拱……乃蹉跎而無所成就」：明標「孝」字。

「黨國多艱……尤爲徬徨悚息」：收總說、分敍全部文字：

(1)國家方面：「黨國多艱……前路方遙」：收上文敍述所有文字。

(2)個人方面：「維歲月之不居……尤爲徬徨悚息」：收上文感慨所有文字。

上文追敍生平部分，雖然並舉兩養、兩教，但作者却有所側重，即側重在末則「孝」上。

三、作文動機：

1.「述吾母夙昔保家教子之道，藉明孤苦成立之艱。」

2.「且願以刻苦自強之義，與吾同胞同志相共勉於報國之業焉。」

中部：追敍生平。

第一組：追敍九歲至二十五歲的生平；以孝爲經，以親爲緯，穿梭成文。

一、家世：

㈠出身寒門：「中正生長鄉僻，家僅溫飽。」

㈡勤愼節儉：「吾祖吾父數世耕讀……薄有資蓄」：「薄有資蓄」爲下文「欺陵脅逼」的原因一。

二、生平：

㈠幼年失怙：「中正九歲喪父……煢孑無依」：「欺陵脅逼」的原因二。

「其時淸政不綱……夤緣爲虐」：插敍當時環境背景；「欺陵脅逼」的原因三。

「吾家門祚旣單，遂爲覬覦之的」：收上文。

㈡備受欺陵：「欺陵脅逼，靡日而寧」：

1. 外人情形：

(1)强令供役：「以田賦徵收」。

(2)產業被奪：「先疇不保」。

(3)迫辱備至：「搆陷公庭」。

2. 親友情形：

⑴鄉里：「旣無正論」。
⑵戚族：「亦多旁觀」。
3.作者情形：
⑴含憤茹痛：「吾母子含憤茹痛……不足以喻。」
⑵母慈守節：「獨賴吾母本其仁慈……毅然自認以保家育子之重」：
a對外：「周旋豪強，保護稚弱」：照應上文外人情形。
b對內：「輯和族里，整飭戶庭」：照應上文親友情形。
「罔不躬親負荷，謹愼將事」：收備受欺陵文字。
㈢母教：從日常起居，敍母親的偉大。
「其於中正撫愛之深，常如嬰孩」：點出「養」字。
「而督教之嚴，甚於師保」：點出「教」字。
慈母又兼嚴師；養、教並擧；作者側重「教」字；因此下文僅就「教」字詳加鋪敍：
1.出外：
⑴檢攜：「出入必檢其所攜」。
⑵詢往：「游息必詢其所往」。
⑶考學：「讀罷歸來，必考其所學。」
2.居內：
⑴督導：「課以灑掃應對之儀，教以刻苦自立之道。」

⑵力行：「督令躬親傭保猥賤之工作，以勵其身心。」

「夜寐夙興……期撫孤子於成立」：收母教一節。

㈣求學：突顯母親的偉大。

1. 志學軍旅：

⑴遭受阻止，原因：

a「幼性頑鈍」：「弗受繩尺」。

b「出身孤弱」：「動遭擠擯」。

「及年稍長……輒相尼阻」：收上文。

⑵賴母成行：「其力排群議……以成其學業者，吾母也」：收志學軍旅一節。

2. 心嚮革命：原因：「既聞革命大義，許身黨國。」

⑴遭受孤立：「戚族相戒，莫敢通問。」

⑵賴母篤信：「其篤信不疑……辛苦持家以堅其志者，吾母也。」

「民國紀元……然吾年於茲已荏苒二十有五矣」：收母教一節文字。

「以軍閥竊國……又罔非吾母聖善之敎也」：收本段文字。

第二組：追敍二十五歲至五十歲的生平；以孝爲經，以親爲緯，穿梭成文。

「溯自中正九歲以至二十五歲，吾母殆無日不困心衡慮於家難之迍邅」：過峽；承接上文。

「及中正二十六歲以後，又常以亡命生活勞吾母之顧念」：開啓本段文字。

二十五歲以前，母親憂於家難；二十五歲以後，母親勞於顧念；縱觀一生，未有片段的悠閒。

一、綱領：「吾母惟一秉自信之堅，以再造吾家爲惟一之責任」：此句爲全段的綱領。下文以此綱領爲基礎，引用母親的三段話語，追敍二十五歲至五十歲的生平。

二、引用母親的話語追敍生平，以「嘗」字爲文章的過峽。

㈠孝：

1.毋墜家聲：追敍幼年母親的誨教。

(1)事實：「嘗語中正……曾不知何以自全」：敍險厄環境，照應二段九歲至二十五歲的生平。

(2)理論：「所確信而不疑者」：

a「孤子之必須教養方可有成。」

b「吾家之必當有後。」

「宜使之努力自助，以毋墜家聲而已」：補敍理論部分，勾出「教養」與「有後」的理想在於「毋墜家聲」。藉自己的遭遇激勵作者。

2.自立自強：追敍少年母親的誨教。

(1)理論：「又嘗謂艱危困厄……而自立自強必當盡其在我」：敍險厄環境。照應二段九歲至二十五歲的生平。

(2)事實：

a家世方面：「故家世愈艱……而志氣不可不堅」：修飭禮法，堅持志氣，照應上文「毋墜家聲」。

b母子方面：「孤寡弱小之賴以自存……更無他道」：刻苦自強，照應上文「毋墜家聲」。

㈡教：

1. 事實：「及中正矢志革命，吾母又嘗勉以大孝報國之義」：移孝作忠，照應上文「毋墜家聲」。

「謂追念吾家往昔岌岌不保之苦狀……使人世無復有強陵衆暴之慘史」：補敍「大孝報國」，照應二段文字。

2. 理論：

⑴反說：「故口體之養…非所以盡孝」：從反面說理。

⑵正說：「男兒唯以身許國，乃爲無忝於所生」：點出大孝—移孝作忠。

「凡茲懿言……而迄今猶無以慰吾母九泉之望」：收孝、教全部文字，照應首段「蹉跎而無所成就」句。

「每憶昔日寡母孤兒形影相依之情景，彌覺罔極深恩之圖報無日也」：收本段文字。

第三組：寄望後二十五年，並追敍五十年來的生平。一、二兩組分敍九歲至二十五歲、二十五歲至五十歲事，三組寄望未來，回顧過去。

一、總說：就過去、未來，每階段二十五歲補敍成文。

「中正既蒙國恩……究爲如何之身世」：過峽，承上啓下。

㈠過去：

1. 二十五歲前：「則不能不認前二十五歲乃爲茹蘗含辛……困知勉行之身世。」

2. 五十歲前：「後二十五歲乃爲承負國難……動心忍性之身世。」

㈡未來：「艱難歲月……究不知其身世爲何如也。」

「由剝而復……理有可信」：收總說文字。
「是以中正於此，不能不爲吾同胞同志進而闡論國家民族所以自立之道」：開啓下文。
二、詳敍：
㈠就家而言：
1.理論：
⑴引說：「先哲有言，國肇於家」：預爲下文就國而言埋下伏筆。
⑵議論：
a複述：「故家庭興廢之理，可通於國」：複述引說先哲之言，作爲下文議論的根據。
b批評：「國家盛衰靡常，正猶家之興廢無定」：
(a)衰：「其或不勝摧折，而終於敗亡」：補敍「國家盛衰靡常」的「衰」字。
(b)盛：「或蹶然興起，以自致富強」：補敍「國家盛衰靡常」的「盛」字。
「則悉視其國民之覺悟及努力與否以爲斷」：收引說、批評兩節文字。
⑶舉證：「中外古今……尤足爲吾人今日之楷模」：新興諸邦與民國初建情境相同，所以舉證說明。
⑷收束理論部分：
a反說：「天下無不勞而倖得之收穫，亦無徒勞不穫之耕耘」：前提。
b正說：「唯貫以一致之精誠……無不可以突破之理」：勉勵。
理論部分先引說，次議論，次舉證，次收束，層次非常清楚。引說之後再作議論，可使說理有所根據；議論之後再舉證，可使說理得到證實；如此敘說，容易使人接受而信服。

2.事實：

(1)遭遇：「以中正所躬自體驗者言……可云至矣」：就本身遭遇補敘。

(2)志節：「然而豪強之侵逼……亦不能阻吾家自求多福之途徑」：因應方式。

「則知天下事安危禍福……必資自力明矣」：收事實文字一節；承上啓下；下文從此引發；由家擴及於國，暗點移孝作忠。

(二)就國而言：

1.情勢：「吾國自十四年……禍亂相乘」：總冒一筆，點出「禍亂相乘」，下文再行鋪敘：

(1)「始則赤燄蔽天，黨國屢危。」

(2)「繼則外侮頻仍。東北淪陷。」

「其間疑懼交作……蓋十有餘年矣」：收情勢、分述兩節。

「其情勢之危急悽厲……孤寡失倚者爲尤甚」：開啓下文；將家難與國困並敘。

2.因應措施：

(1)立論：

a反說：「然中正猶以爲一時之艱危不足憂……國力之薄弱亦不足患」：反襯下文的「決心」句。

b正說：「而存亡興廢所繫，惟吾國民有無勵精知恥刻苦自強之決心」：提出自己的看法。

(2)措施：承立論而來，闡說強國之道。

a全國同胞：「苟吾同胞皆能以孤寡再造衰宗之志……必可計日以待」：暗點本身遭遇，明示危難興邦的旨意。

b全國諸姑姊妹：「而吾全國諸姑姊妹咸能致力於持家教子……則於國家民族富強康樂之關係爲尤大也」：暗點母親的守節自誓，明示含憤茹痛的旨意。

3.舉例：

(1)作者遭遇：「以中正個人之身世而論……殊非淺鮮」：照應上文全國同胞一節文字。

(2)母親守節：「苟吾全國二萬萬女同胞皆能如吾寡母之保家教子……豈有不能致華夏於復興之理」：照應上文全國諸姑姊妹一節文字。

作者遭遇直承全國同胞；母親守節直承全國諸姑姊妹。是爲穿揷敍法，文有錯落的美。

4.建立理論：

(1)刻苦自立：

a前提：「蓋無論國家與個人所以競立於斯世，其道不外乎自立自助與自強。」

「惟自立乃有以自存，惟自助始可得人助」：補敍前提；就個人而言。

「而國家當衰微危弱之際……明自身地位之孤弱」：補敍前提，就國家而言。

b反說：

(a)「勿懾於強暴，以餒其氣」：威武不能屈服。

(b)「勿狃於急效，而亂其心」：腳踏實地做去。

「是則刻苦自強之義……一以精誠貫徹之者也」：收前提、反說文字。

(2)移孝作忠：

a前提：「惟吾先民之教，以孝爲先」：點出「孝」字，開啓下文。

b引說：

(a)破除一般說法：「總理嘗語吾人……更不可抄襲帝國主義之覇道。」

(b)建立自己理論：「忠、孝、仁、愛、信、義、和、平八德……而孝道尤爲　總理遺教所特重。」

「可知中國立國之道，自來皆以孝爲本」：收引說一節文字。

c插敍：詮釋孝的眞義，暗點移孝作忠。

(a)詮釋：「惟孝莫大於尊親，其次曰不辱。」

(b)補敍：「所謂尊親……謂當勿貽吾父母以隕越之羞」：發揚遺緒點出「忠」字；勿貽父母之羞點出「孝」字。

「以我民族歷史文化之久遠……人孰得而忘我」：以反詰語氣，逼使下文氣勢更盛。

「誠使我同胞人人有恥不若人的覺悟……庶乎得之」：總收全段文字。

後部：發抒感慨，並勗勉國人。

一、發抒感慨：

(一)就個人而言：

1.謙言未盡職責：「中正俯仰國家，深愧職責未盡。」下文補敍「愧」字：

(1)「既無以副國民殷殷之望」：就國家言「愧」。

⑵「亦有負我寡母閔斯鬻子之勤」：就母養言「愧」。

⑶「何敢自信其能勝吾寡母平生保家教子之重任，勉盡中正今日報國之天職於萬一」：就母教言「愧」。

2. 謙言未報國恩：「唯報國之願一日不達，即鮮民之痛一日不得而紓」：就國家言「愧」。

「是用不辭覼縷……而期補贖於來茲」：收發抒感慨文字，點出作文的目的：

⑴「用彰以往蹉跎之過」：檢討過去。

⑵「而期補贖於來茲」：策勵將來。

㈡就國家而言：期盼國人：

1. 「全國同胞以孤孽自居」：內在的信念。

2. 「以精誠自勵」：外在的表現。

「共同一致……而所望彌切」：收就國家而言一節。

三、勗勉國人，並收束全文。

1. 勉勵：「吾海內外全體同胞倘不以吾言為謬……共同致力於報國根本之途。」

2. 願望：「此則中正之所大願，亦即所以期報國家民族與吾全體同胞於萬一者也。」

批評

一、由孝及忠；以孝為基礎，進而提出忠字；移孝作忠，始能稱為大孝。由個人及國家；以作者歷經險阻，勉勵國人積極奮進；以母親自誓守節，激發同胞固守困境、不屈不撓的豪邁精神，用心可謂良苦。

二、全文反覆叮嚀，殷殷勸戒，頗有長者之風。以瑣碎的筆法追敍生平，即興寫出心中的感慨與對國人的無限期望；於舖敍中寓含勉勵，懇切的在議論中蘊藏深沈的傷痛；因此本文雖然稍感繁覆，但由於情感眞摰。字字流自肺腑；所以文意每多深刻，發人自省。

三、以孝爲經，以親爲緯，將全文分成前部序言；中部九歲至二十五歲、二十五歲至五十歲生平，及五十歲以後的寄望；後部勉勵國人；因此文章雖長，但却始終緊扣主題。

四、穿插敍法：第三組詳敍部分，就國而言擧例一節，以「以中正個人之身世而論」句直承「苟吾同胞皆能以孤寡再造衰宗之心」句，以「苟吾全國二萬萬女同胞皆能如吾寡母之保家教子」直承「而吾全國諸姑姊妹咸能致力於持家教子」句。是爲穿插句法。平舖直敍容易流於枯澀、呆板，文意也往往被讀者所忽略。爲了加強文意，製造文章的波瀾與轉折，所以每每改變平舖直敍的方式，而以其他的筆法間用文中；穿插敍法就是其中的一種。穿插敍法可使文意更爲深刻，章法也具錯落的美。

文章分析略表

報國與思親

- 孝
  - 序言
    - 追敘生平
      - 國家教養 — 「蒙恩被澤，可謂深厚」
      - 購機見祝 — 「精誠相感，勗勉備至」
      - 明師教益 — 「明師教益，同志扶持」
      - 慈母教誨 — 「鞠育教誨」、「母氏劬勞」
      - → 「撫茲時序，徬徨悚息」
    - 作文動機
      - 「述吾母夙昔保家教子之道」
      - 「明孤苦成立之艱」
    - → 與同胞共勉
  - 生平
    - 九至廿五歲（追敘）
      - 家世 — 出身寒門、勤愼節儉
      - 生平
        - 幼年失怙 — 「九歲喪父」、「煢子無依」
        - 備受欺陵 — 「欺陵脅逼，靡日而寧」
        - 母教殷殷 — 撫愛深微，督教嚴格
        - 求學過程 — 志學軍旅、心嚮革命
        - → 母親聖善之教
    - 廿五至五十歲（追敘）
      - 孝
        - 毋墜家聲 — 教養有成，必有賢後
        - 自立自強 — 積極奮發，「盡其在我」
        - → 修飭禮法，堅定志氣
      - 教 — 「勉以大孝報國之義」
      - → 彌覺深恩，圖報無日
    - 五十歲以後（寄望）
      - 就家而言 — 孤幼成長，得母教養
      - 就國而言 — 立國之道，以孝爲本
      - → 尊親、不辱
    - → 移孝作忠
  - 感慨
    - 抒情 — 謙言未盡職責、未報國恩
    - 勗勉 — 「共同致力於報國根本之途」
    - → 「黽勉提挈」
- → 「此則中正之所大願，亦即所以期報國家民族與吾全體同胞於萬一者也」

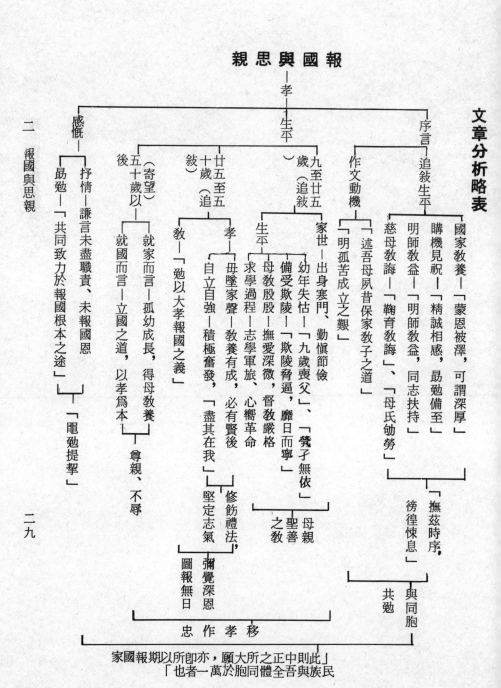

三　養　慧（節錄）

張　羣

慧就是智慧。一切事業的成功，都必須依賴優越的智慧，故智慧的修養，甚爲重要。通俗的說法，「慧」乃指人的悟性（或稱領悟力）而言。孔子認爲讀書人應該能夠「舉一隅而三隅反」，從一項已知的道理，推想到有關的其他道理。像顏回那樣智慧過人，能夠「聞一以知十」，就是賢如子貢也要自歎弗如了。

其實，有智慧的人，不但讀事做事能夠觸類旁通，最重要的還在於富有想像力和創造力，可以構成精密正確的思想體系，身體力行。現代心理學把智慧發展的過程分析爲記憶、觀察、想像、思考、判斷、實行各項目。根據「記憶」與「觀察」，可以累積爲經驗，整理爲知識；基於「想像」和「思考」，可以發展爲學問，創造爲思想體系；思想體系形成之後，經過「判斷」而付諸「實行」，才是完美而充實的智慧成果。這項科學的分析，正和我國中庸一書所說：「博學之，審問之，愼思之，明辨之，篤行之」的道理，極其接近。

通俗以「聰明」二字，代表智戀，事實上「聰明」尚不足以概括智慧的眞實涵義。眞實的智慧應該包括下列三項要素：一爲學識經驗，這是智慧的根基；二爲思辨，這是智慧形成的過程；三爲實踐，這是智慧的成果。智慧固然需要知識來培養，但知識學問並不就是智慧。專讀死書，食古不化的人，我國稱之爲「兩脚書厨」，外國人稱之爲「有學問的呆人」。所謂「學而不思則罔」，這類人對於國家社會並無多大貢獻。具有思辨能力的人，如果沒有深厚的學驗修養，終日胡思亂想，那就是所謂「思而不學則殆」，對於社會不但無益，有時可能反而爲害。旣有深厚的學識經驗，也有精密的思辨能力，但如缺乏篤行實踐的精神，祇會紙上談兵，也不能算是眞正有智慧的人。所以必須同時具備學識經驗、思辨能力和實踐精神這三項要素，智慧才算眞實而完美！

智慧因人而異。從事教育工作的人，都知道有一種智力測驗，可以測定兒童的智商凡智商在一四〇以上的可稱爲天才兒童，在七〇以下的則爲低能，普通兒童約在九〇至一一〇之間。智力之有差異，大半由於天賦，卽與生理上的稟賦有關。例如：後腦特別發達的人，特別富於想像力，這是在科學上可以找到解釋的。不過智慧仍然可以由培養而得。一般天賦能力商數在中等以上的人，如能加以後天的培養，就可增加發揚他的智慧，得到更大的成就。

分　析

「性相近，習相遠也」；凡人必須經由學習，才能充實智慧，增加學識。天生的秉賦相差不大，但學習的結果，卻有天壤之別。惟有經過後天的培育，才能塑造完美的人格，獲得眞正的智慧。

一般人天資大多在中等以上，只要稍加培養，即能發揮潛能，爭取最大的成就。「惟上知與下愚不移也」；天賦相近；上知，聖人之材，很少；下愚，能力不足，也不多見。在天生平等的立足點上，投下多少的心力，便可有多少的收穫。

張群氏在談修養一書中，主張個人的修養有五：養身、養心、養慧、養量、養望。本文以「養」字爲線眼，闡述中人以上天資大都相近，只有不斷的涵潤智慧，才能發揮最高的潛能，創造人生更光明的未來。

文分數層：

一、定義：以作者及一般人的看法，解說智慧的含義。

㈠作者的看法：就天賦而言。

1. 前提：「慧就是智慧。」

2. 補敍：「一切事業的成功，都必須依賴優越的智慧」：就表現行爲而言。

「故智慧的修養，甚爲重要」：收束前文。

二、一般的說法：就思考而言。

「通俗的說法，慧乃指人的悟性而言」：「或稱領悟力」，插敍。

三、議論：

㈠引說：

1. 孔子之言：「孔子認爲讀書人應該能夠舉一隅而三隅及」：引用權威者的話，加強說理的分量，

作用：

2. 複述：「從一項已知的道理，推想到有關的其他道理」：就「舉一隅而三隅反」複述；複述的

更足以使人信服。

(1)就引說加以解釋。

(2)將引說的意義更推進一層。

㈢舉證：「像顏回那樣智慧過人……就是賢如子貢，也要自歎弗如了」：收一般說法文字，比較顏回與子貢，敍說思考的重要。論語公冶長篇：「賜也何敢望回！回也聞一以知十，賜也聞一以知二。」

二、功用：敍智慧的重要，直承二段進一層鋪敍。

㈠前提：敍功用。

1. 觸類旁通：「不但讀書做事能夠觸類旁通」：照應「舉一隅而三隅反」。

2. 想像創造：「最重要的還在於富有想像力和創造力」：照應「從一項已知的道理，推想到有關的其他道理」，就「觸類旁通」進一層說理。

觸類旁通只是聯想的作用—就舊經驗喚起新經驗；應該更進一層的想像—有系統的思考、創造—提出自己的見解。

「可以構成精密正確的思想體系，身體力行」：收前提一節。智慧的功用，作者認爲應該達到：

1. 內在：建立思想體系。

2. 外現：身體力行。

知、行並舉，不偏於「坐而言」，也不失於「起而行」。

㈡引證：就前提建立自己的議說理論。

1.概說：「現代心理學把智慧發展的過程分析爲」：

(1)學習：a記憶。

b觀察。

(2)分析：a想像。

b思考。

(3)批評：判斷。

2.分述：就概說逐項補敍，說明作用。

(1)記憶、觀察：「可以累積爲經驗，整理爲知識」，補敍上文學習。

(2)想像、思考：「可以發展爲學問，創造爲思想體系」：補敍上文分析。

(3)判斷：「經過判斷而付諸實行，才是完美而充實的智慧成果」：補敍上文批評。

本節在敍述上頗具層次。

㈢議論：「這項科學的分析……極其接近」：以中庸的「博學之，審問之，愼思之，明辨之，篤行之」與現代心理學並舉，發抒議論，並收全段文字。

三、涵養：點出題文「養慧」的「養」字，是全文的主題部分。

㈠立論：

1.破他：破除他人說法。

(1)立案：「通俗以聰明二字，代表智慧」：一般說法。

(2)翻案：「事實上聰明尚不足以概括智慧的眞實涵義」：作者的意見；聰明的範圍比較狹隘，不能完全包括智慧。

2.立己：建立自己理論；提出「眞實的智慧」應該包括下列三項要素：

(1)學識經驗；「這是智慧的根基」，補敍學識經驗；照應上文的記憶觀察。

(2)思辨；「這是智慧形成的過程」，補敍思辨；照應上文想像、思考。

(3)實踐；「這是智慧的成果」，補敍實踐；照應上文判斷。此節就章法說，由根基而過程，而成果，敍述也具條理；就文意說，由內心的活動—學識經驗、思辨（靜態），而外在的力行—實踐（動態），旨趣也見鮮明。

(二)分述：承立論逐項具體鋪敍。

1.內心的活動：

(1)學識經驗：

a前提：「智慧固然需要知識來培養」：承上文而來，提出一般說法。

b翻案：「但知識學問並不就是智慧」：作者的意見。

c補敍：「專讀死書……外國人稱之爲有學問的呆人」：補敍翻案。

d引說：「所謂學而不思則罔」：引孔子之語作證，加強說理的分量。

「這類人對於國家社會並無多大貢獻」：收學識經驗一節。

(2)思辨：

a破他：「具有思辨能力的人……那就是所謂思而不學則殆」：承上文而來，將學識、思辨融在一起。

b補敍：「對於社會不但無益，有時可能反而爲害」：補敍「思而不學則殆」。

「旣有深厚的學識經驗，也有精密的思辨能力」：收上文，並開啓下文。

2.外在的力行：「但如缺乏篤行實踐的精神……也不能算是有智慧的人」：點出力行的重要。

「所以必須同時具備學識經驗……智慧才算眞實而完美」：總收全文。

四、餘波：敍一般智慧相近，只要人人培養涵潤，發揮潛力，必然有所成就。

㈠立論：「智慧因人而異」：文筆推遠敍述；先敍因人而異，末言「一般天賦智力商數在中等以上的人」，若能加以培養，必能有所成就；作用有二：

1.「因人而異」，却大致相同；章法上有逆折的美，波瀾屢生。

2.「因人而異」，但只要加以培養，人人都能有所成就；文章上有逆折的美，頓挫而轉折。

㈡區別：承「智慧因人而異」的「異」字，詳加分敍：

1.分類：

⑴天才：「凡智商在一四〇以上的可稱爲天才兒童。」

⑵低能：「在七〇以下的則爲低能。」

⑶普通：「普通兒童約在九〇至一一〇之間。」

2.原因：「智力之有差異……卽與生理上的稟賦有關」：收區別一節。

3.引證：「例如……這是在科學上可以找到解釋的」：補敍原因，強化說理。

㈢翻案：立論「因人而異」，此節逆折；將先天的「異」，化成後天的「同」；點出「培養」兩字，使文章頓挫而具宕漾的美。

「不過智慧仍然可以由培養而得」：點出「培養」二字。

「一般天賦智力商數在中等以上的人……得到更大的成就」：補敍上句，標出「同」字，照應題文「養」字，以勉勵作結，寓含教化的作用。

批評

本文每用漸進層遞的方法敍述；如三段的功用引證一節；先標出記憶、觀察、想像、思考、判斷作爲智慧發展過程的綱要，下文再行舖述。在分述中，由學習的記憶、觀察，而分析的想像、思考，而批評的判斷；由經驗而學問，而實行；由知識而思想體系，而智慧成果；下文涵養一段，就上文功用歸出學識經驗、思辨、實踐三者；由根基而過程，而實踐；逐層遞進，敍述頗有條理，文章具有整齊的美。

養慧，宜著重在「養」字，本文由定義、功用、涵養、餘波四組構成；涵養一段，若能力求豐富，文意將更爲深刻，文章也更能申論主題「養」字。就本文而言，養慧的方法有四：㈠寧靜：冷靜的頭腦㈡去蔽：客觀的態度㈢求知：好學的精神㈣實踐：貫徹的力行。

文章分析略表

養慧

- 養
  - 定義
    - 作者看法—「慧就是智慧」（天賦）
    - 一般說法「慧乃指人的悟性而言」（思考）
    - →「舉一隅而三隅反」
  - 功用
    - 前提
      - 觸類旁通
      - 想像創造
      - →構成思想體系、身體力行
    - 引證
      - 概說—記憶、觀察、想像、思考、判斷
      - 分述
        - 記憶、觀察—知識
        - 想像、思考—思想體系
        - 判斷—力行、智慧成果
      - →現代心理學
  - 涵養
    - 立論
      - 破他—「通俗以智慧二字，代表智慧」
      - 立己—學識經驗、思辨、實踐
      - →眞實的智慧
    - 分述
      - 內心的活動—學識經驗、思辨
      - 外在的力行—實踐
      - →同時具備三大要素
  - 餘波
    - 立論—「智慧因人而異」（異）—天才、低能、普通
    - 翻案—「可由培養而得」（同）
    - →發揚智慧
- 慧

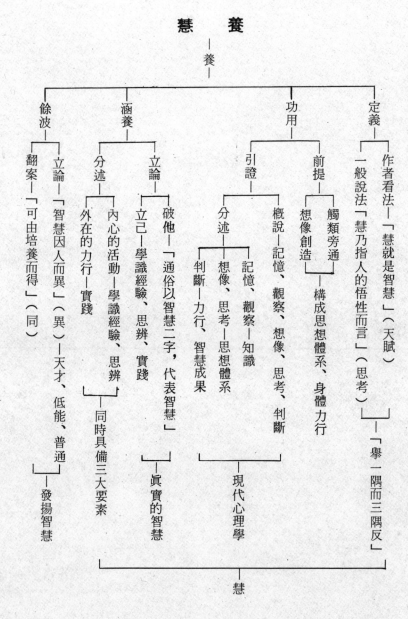

出師表

諸葛亮

臣亮言：先帝創業未半，而中道崩殂。今天下三分，益州疲弊，此誠危急存亡之秋也。然侍衞之臣，不懈於內；忠志之士，亡身於外者，蓋追先帝之殊遇，欲報之於陛下也。誠宜開張聖聽，以光先帝遺德，恢弘志士之氣；不宜妄自菲薄，引喻失義，以塞忠諫之路也。

宮中府中，俱爲一體，陟罰臧否，不宜異同。若有作姦犯科，及爲忠善者，宜付有司，論其刑賞，以昭陛下平明之治，不宜偏私，使內外異法也。

侍中、侍郎郭攸之、費禕、董允等，此皆良實，志慮忠純，是以先帝簡拔以遺陛下。愚以爲宮中之事，事無大小，悉以咨之，然後施行，必能裨補闕漏，有所廣益。將軍向寵，性行淑均，曉暢軍事，試用於昔日，先帝稱之曰「能」，是以衆議舉寵爲督。愚以爲營中之事，悉以咨之，必能使行陣和睦，優劣得所。親賢臣，遠小人，此先漢所以興隆也；親小人，遠賢臣，此後漢所以傾頹也。先帝在時，每與臣論此事，未嘗不歎息痛恨於桓、靈也。侍中、尚書、長史、參軍，此悉貞亮死節之臣也，願陛下親之信之，則漢室之隆，可計日而待也。

臣本布衣，躬耕於南陽，苟全性命於亂世，不求聞達於諸侯。先帝不以臣卑鄙，猥自枉屈，三顧臣於草廬之中，諮臣以當世之事，由是感激，遂許先帝以驅馳。後値傾覆，受任於敗軍之際，奉命於危難之間，爾來二十有一年矣！先帝知臣謹愼，故臨崩寄臣以大事也。受命以來，夙夜憂勤，恐託付不效，以傷先帝之明。故五月渡瀘，深入不毛。今南方已定，兵甲已足，當獎率三軍，北定中原，庶竭駑鈍，攘除奸凶，興復漢室，還於舊都：此臣所以報先帝而忠陛下之職分也。至於斟酌損益，進盡忠言，則攸之、禕、允之任也。願陛下託臣以討賊興復之效；不效，則治臣之罪，以告先帝之靈。若無興德之言，責攸之、禕、允等之慢，以彰其咎。陛下亦宜自課，以諮諏善道，察納雅言，深追先帝遺詔，臣不勝受恩感激。今當遠離，臨表涕泣，不知所云。

分析

文心雕龍章表篇：「敷奏以言，則章表之義也。」古代人臣言事於君，稱爲上書；漢定上書爲章、奏、表、議四種。章以謝恩，奏以按劾，表以陳情，議以執異。蜀漢後主建興五年，諸葛亮率軍北駐漢中，冀能圖謀中原，一定天下；惟恐後主不恤先人創業艱難，恣肆妄爲；因此臨行奏上此表。勸勉後主親賢遠佞，富家強國。

本文以「誠宜開張聖聽」以光先帝遺德」的「德」字爲線眼；以「先帝」二字伏串全文；以老臣披肝瀝膽的情懷，舖陳爲國憂民的心志；以勸勉君德爲治國的根本；文字勤勤款款，不稍造作，句句都從肺腑深處流出；誠爲眞情至性的佳作。文分三層：

第一組：追念先帝遺德；全文以君上之德爲經，以先帝之德爲緯，兩兩交織成文。

一、客觀情勢：

㈠追敍創國：「先帝創業未半，而中道崩殂」：蜀漢昭烈帝劉備，在位三年卽卒。文端引出「先帝」，頗含老臣謀國、滿腔忠忱的心志。作者道出此句，百感交集，情緒激切，因此開啓本文全部文字。

㈡剖析今勢：

1. 天下情勢：「今天下三分」：卽魏、蜀、吳鼎足而三。

2. 蜀國情勢：「益州疲弊」：天下三分，蜀國兵弱，是爲可慮。

「此誠危急存亡之秋也」：收客觀情勢一節，點出老臣的滿腹心酸與憂傷。

二、主觀人爲：

㈠侍衞之臣：「然侍衞之臣，不懈於內」：預爲下文「宮中」埋下伏筆。

㈡忠志之士：「忠志之士，忘身於外者」：預爲下文「府中」埋下伏筆。

㈢效忠原因：「蓋追先帝之殊遇，欲報之於陛下也」：收主觀人爲一節，爲侍衞之臣與忠志之士效忠的原因，提出解說，歸到先帝，又是老臣口吻。本節由先帝引入後主，文章銜接不著痕跡。

三、勸勉後主：

㈠正說：「誠宜開張聖聽，以光先帝遺德，恢弘志士之氣」：「開張聖聽」暗點下文「悉以咨之」、「諮諏善道，察納雅言」，照應「德」字。「開張聖聽」的作用有二：

1. 「以光先帝遺德」：不辱先人，體念創業的艱辛。

2. 「恢弘志士之氣」：發揚先人遺緒，力圖振作。

㈡反說：「不宜妄作菲薄，引喻失義，以塞忠諫之路也」：承正說進一層補敍，為後主建立信心，並闡述君德。

文中議論都用「宜」、「不宜」兩字申述，沒有絲毫猶疑，誠為勸諫良法。

第二組：提出具體方法，使後主治國有所持循。

一、就事而言：

㈠立論：

1. 體制相同：「宮中府中，俱為一體」：為下文「不宜異同」預作張本。東漢宮中多用宦官，與府中有內外之分；混淆君聽，紊亂朝政；因此作者力主宮中、府中「俱為一體」。

2. 賞罰相同：「陟罰臧否，不宜異同」：承體制相同而來。

㈡刑賞：

1. 刑：「作姦犯科」：為下文「遠小人」預作張本。

2. 賞：「為忠善者」：為下文「親賢臣」預作張本。

「宜付有司，論其刑賞」：收刑賞一節。

㈢目的：「以昭陛下平明之治」：收就事而言一節。

㈣補敍：「不宜偏私，使內外異法也」：補敍「以昭陛下平明之治」，照應「宮中府中，俱為一體」句。

二、就人而言：照應「開張聖聽」句。

㈠宮中：照應上文「不懈於內」。

1. 敍：

⑴推薦：「侍中、侍郎郭攸之、費禕、董允等。」

(2)原因：「此皆良實，志慮忠純。」

「是以先帝簡拔以遺陛下」：收推薦、原因，又稱「先帝」。

2.議：

(1)勸勉後主：「愚以爲宮中之事，事無大小，悉以咨之，然後施行」：「事無大小」的「無」字，「悉以咨之」的「悉」字，肯定語氣，頗有持循而行，則能達於治道的態勢。「咨」而後「行」，「知之者不如好之者，好之者不如行之者」；徒知不能成事，勉其重在力行。

(2)預期效果：「必能裨補闕漏，有所廣益」：收「宮中」一節文字。

(二)營中：照應上文「忘身於外」。

1.敘：

(1)推薦：「將軍向寵」。

(2)原因：「性行淑均，曉暢軍事。」

「試用於昔日，先帝稱之曰能，是以衆議舉寵爲督」：收推薦、原因，又舉「先帝」。

2.議：

(1)勸勉後主：「愚以爲營中之事，悉以咨之。」

(2)預期效果：「必能使行陣和睦，優劣得所」：「和睦」二字，照應上文「一體」句；「得所」二字，照應上文「不宜偏私」句。

(三)泛說：

1.敘：

(1)推薦：「侍中、尚書、長史、參軍。」

(2)原因：「此悉貞亮死節之臣也。」

2.議：

(1)勸勉後主：「願陛下親之信之」：照應上文「親賢臣」句。

(2)預期效果：「則漢室之隆，可計日而待也。」

「願陛下親之信之」以下，收束具體方法全部文字。

三、插敍：作者於提出方法時，敍宮中、營中後，有感而發，隨卽著墨插敍一節；可知作者爲此文時，不事雕琢，只是順著情感自然流露而已。插敍旨在論說先漢、後漢的興衰原因，作爲後主施政的根據。

(一)先漢：正說。

1.措施：「親賢臣，遠小人」：此句是爲全文綱領所在；無論「開張聖聽」或「悉以咨之」，都在親賢遠佞一節上；涵潤君德，也應以此爲基礎。

2.結果：「此先漢所以興隆也。」

(二)後漢：反說。

1.措施：「親小人，遠賢臣。」

2.結果：「此後漢所以傾頹也。」

先漢、後漢並舉，但作者有所側重；卽勉勵後主「親賢臣，遠小人」。

(三)議論：「先帝在時，每與臣論此事，未嘗不歎息痛恨於桓、靈也」：上文並擧先、後兩漢，有所側重；此節明標後漢之失，作爲後主施政的法則。

第三組：落實：由先帝遺德而君上之德，而作者心志，議論也具層次。

一、追敍：

㈠概說：

1. 生平：抑筆。

(1)身世：「臣本布衣。」

(2)心志：「躬耕於南陽」：暗點隱逸之志。

「苟全性命於亂世，不求聞達於諸侯」：補敍上文，明標隱逸之志。

2. 效命原因：揚筆。

(1)作者方面：

a概說：「先帝不以臣卑鄙」：照應上文「臣本布衣」。

b舉證：「猥自枉屈，三顧臣於草廬之中，諮臣以當世之事。」

「由是感激，遂許先帝以驅馳」：收效命原因一節。「士爲知己者死」；報答知遇之恩。

(2)先帝方面：「先帝知臣謹愼，故臨崩寄臣以大事也」：爲下文「深追先帝遺詔」預作張本。

3. 受命情形：「後値傾覆，受任於敗軍之際，奉命於危難之間。」

4. 時間：「爾來二十有一年矣。」

「受命以來，夙夜憂勤，恐託付不效，以傷先帝之明」：收概說一節，照應上文「蓋追先帝之殊遇，欲報之於陛下也。」

㈡詳敍：舉證事實。

1. 南方情形：「故五月渡瀘，深入不毛」：建興元年。南中諸部叛亂；三年春，亮率兵征討，悉平其地。

2.北方情形：「今南方已定，兵甲已足，當獎率三軍，北定中原」：指伐魏之事。

二、落實：就實際情形詳加議論，並照應收束前文。

㈠忘身於外：「庶竭駑鈍，攘除奸凶，興復漢室，還於舊都」：收詳敍一節。

「此臣所以報先帝而忠陛下之職分也」：收概說、詳敍兩節文字。

㈡不懈於內：「至於斟酌損益，進盡忠言，則攸之、禕、允之任也」：收上文「侍中、侍郎郭攸之、費禕、董允等」一節文字。

㈢補敍：各有職分，共效君國。

1.作者方面：「願陛下託臣以討賊興復之效；不效，則治臣之罪，以告先帝之靈」：補敍「忘身於外」。

2.攸之、禕、允方面：「若無興德之言，責攸之、禕、允等之慢，以彰其咎」：補敍「不懈於內」。

3.後主方面：「陛下亦宜自課，以諮諏善道，察納雅言」：照應上文「悉以咨之」、「開張聖聽」句。

「深追先帝遺詔，臣不勝受恩感激」：又提「先帝」，抒發心中的無限感觸。

「今當遠離，臨表涕泣，不知所云」：總收全文，並點出作表原因。

批評

本文見於三國志蜀志諸葛亮傳，初無篇名；後，文選錄入此文，題作「出師表」。後主建興五年，諸葛亮駐軍漢中，準備北伐曹魏，臨行上書，勸其尊賢納諫，復興漢室。建興六年，諸葛亮出兵散關，攻圍陳倉，又復上書一篇；因此出師表有前後二文。

就內容說

本文以「德」爲線眼；德分先帝之德與君上之德兩種。藉先帝之德勗勉後主，勸其「親賢臣，遠小人」、「諮諏善道，察納雅言」，誠愼懇摯，娓娓道來，頗有老臣而兼師保之風。文中稱先帝者凡十三次，可見作者追懷先帝的深切，與忠愛君國的赤忱。

就章法說

一、通篇敍議懇切，娓娓殷勤；語氣平緩，猶如溫藹的長者，對著可愛的子孫勸勉，使人倍覺親切，易於接受。在平緩中舖述朝政，理出條理，安排妥善，多方照顧，是爲本文特色。

二、情感眞摯，句句流自肺腑；不事雕琢，文字質樸蒼勁，意境古拙清新。雖然提出具體方法就人而言一節上，間以插敍文字，明點「親賢臣，遠小人」的旨意，似有破壞文章整體性的缺失；但由此正可以看出作者的流露自然，絲毫沒有矯揉造作的成分。

三、穿插句法：末段「願陛下託臣以討賊興復之效」直承「興復漢室，還於舊都」；「若無興德之言」直承「斟酌損益，進盡忠言」；以穿插的方式敍述，可以頓挫文意，製造文章的波瀾。

四、文中以肯定而強烈的字眼說理，如「宜」、「不宜」、「悉之咨之」、「必能裨補闕漏」、「不效，則治臣之罪」等，提出堅定不移的原則，使後主有所持循，不假思索的做去，絲毫不會動搖心念，對於個性懦弱的後主，當有暮鼓晨鐘、警醒昏瞶的作用。

五、四段連用頓筆，蓄積文氣，深刻文意。轉折頗多，意境深遠；如同流水歷經重嶺疊嶂、怪石羅列的山谷，然後以雷霆萬鈞的氣勢，伸入平原，開展出磅礡的大河。

文章分析略表

出師表

德

- 追念先帝之德
  - 客觀情勢
    - 創國—「先帝創業未半，而中道崩殂」
    - 世局—「天下三分」、「益州疲弊」
    - →「此誠危急存亡之秋也」
  - 主觀人爲
    - 侍衛之臣—「不懈於內」
    - 忠志之士—「忘身於外」
    - →「蓋追先帝遺德，欲報之於陛下也」
  - 勸勉後主
    - 正說—「誠宜開張聖聽」
    - 反說—不宜阻塞忠諫之路
  - → 勸勉後主
- 方法
  - 就事而言
    - 立論—「宮中，府中，俱爲一體」
    - 刑賞—「陟罰臧否，不宜異同」
    - →「不宜偏私，使內外異法」
  - 就人而言
    - 宮中
      - 敍—「先帝簡拔，以遺陛下」
      - 議—「事無大小，悉以咨之」
      - →「必能裨補闕漏，有所廣益」
    - 營中
      - 敍—「衆議舉寵爲督」
      - 議—「營中之事，悉以咨之」
      - →「必能使行陣和睦，優劣得所」
    - 泛說
      - 敍—「貞亮死節之臣」
      - 議—「願陛下親之信之」
  - 插敍
    - 先漢—「親賢臣，遠小人」；興隆（正說）
    - 後漢—「親小人，遠賢臣」；傾頹（反說）
    - →「歎息痛恨於桓靈」
  - →「漢室之隆，可計日而待也」
- 落實
  - 追敍生平—本具隱志，後許先帝馳驅
  - 落實實際—朝中大臣，各有職分，共效君國；後主亦宜自課
  - →「深追先帝遺詔，不勝感激」

→「今當遠離，臨表涕泣，不知所云」

五　祭十二郎文

韓　愈

年月日，季父愈聞汝喪之七日，乃能銜哀致誠，使建中遠具時羞之奠，告汝十二郎之靈：

嗚呼！吾少孤，及長，不省所怙，惟兄嫂是依。中年，兄歿南方，吾與汝俱幼，從嫂歸葬河陽。既又與汝就食江南。零丁孤苦，未嘗一日相離也。吾上有三兄，皆不幸早世。承先人後者，在孫惟汝，在子惟吾；兩世一身，形單影隻。嫂嘗撫汝指吾而言曰：「韓氏兩世，惟此而已！」汝時尤小，當不復記憶；吾時雖能記憶，亦未知其言之悲也。

吾年十九，始來京城。其後四年，而歸視汝；又四年，吾往河陽省墳墓，遇汝從嫂喪來葬。又二年，吾佐董丞相於汴州，汝來省吾；止一歲，請歸取其孥。明年，丞相薨，吾去汴州，汝不果來。是年，吾佐戎徐州，使取汝者始行，吾又罷去，汝又不果來。吾念汝從於東，東亦客也，不可以久；圖久遠者，莫如西歸，將成家而致汝。嗚呼！孰謂汝遽去吾而歿乎？吾與汝俱少年，以爲雖暫相別，終當久與相處，故捨汝而旅食京師，以求斗斛之祿；誠知其如此，雖萬乘之公相，吾不以一日輟汝而就也。

去年，孟東野往，吾書與汝曰：「吾年未四十，而視茫茫，而髮蒼蒼，而齒牙動搖念諸父與諸兄，皆康彊而早世；如吾之衰者，其能久存乎？吾不可去，汝不肯來，恐旦暮死，而汝抱無涯之戚也！」孰謂少者歿而長者存，彊者夭而病者全乎！嗚呼！其信然邪？其夢邪？其傳之非其眞邪？信也，吾兄之盛德而夭其嗣乎？汝之純明而不克蒙其澤乎？少者、彊者而夭歿，長者、衰者而存全乎？未可以爲信也，夢也，傳之非其眞也，東野之書，耿蘭之報，何爲而在吾側也？嗚呼！其信然矣！吾兄之盛德而夭其嗣矣！汝之純明宜業其家者，不克蒙其澤矣！所謂天者誠難測，而神者誠難明矣！所謂理者不可推，而壽者不可知矣！雖然，吾自今年來，蒼蒼者或化而爲白矣，動搖者或脫而落矣。毛血日益衰，志氣日益微，幾何不從汝而死也。死而有知，其幾何離；其無知，悲不幾時，而不悲者無窮期矣。汝之子始十歲，吾之子始五歲；少而彊者不可保，如此孩提者，又可冀其成立邪！嗚呼哀哉！嗚呼哀哉！

汝去年書云：「比得輭脚病，往往而劇。」吾曰：「是疾也，江南之人，常常有之。」未始以爲憂也。嗚呼！其竟以此而殞其生乎？抑別有疾而至斯乎？汝之書，六月十七日也。東野云，汝歿以六月二日；耿蘭之報無月日。蓋東野之使者，不知問家人以月日；如耿蘭之報，不知當言月日。東野與吾書，乃問使者，使者妄稱以應之耳。其然乎？其不然乎？

今吾使建中祭汝，弔汝之孤與汝之乳母。彼有食，可守以待終喪，則待終喪而取以來；如不能守以終喪，則遂取以來。其餘奴婢，並令守汝喪。吾力能改葬，終葬汝於先人之兆，然後惟其所願。

嗚呼！汝病吾不知時，汝歿吾不知日；生不能相養以共居，歿不得撫汝以盡哀；斂不憑其棺，窆不臨其穴。吾行負神明，而使汝夭；不孝不慈，而不得與汝相養以生，相守以死。一在天之涯，一在地之角；生而影不與吾形相依，死而魂不與吾夢相接。吾實爲之，其又何尤？彼蒼者天，曷其有極！自今已往，吾其無意於人世矣！當求數頃之田於伊潁之上，以待餘年，教吾子與汝子，幸其成；長吾女與汝女，待其嫁，如此而已。嗚呼！言有窮而情不可終，汝其知也邪？其不知也邪？嗚呼哀哉！尚饗！

分析

祭人當宣讀以告逝者，所以古代祭文，多用韻文駢語寫成。韓愈主張抑止駢儷之文，以復古爲革命，力主「文以載道」之說；凛然以「文起八代之衰，道濟天下之溺」自任：所以雖寫祭文，也不因循俗流，獨以散文運筆，頗見貼切。情深處，何暇顧及堆砌辭采，雕琢文句；但求表抒哀痛，傾吐心中的塊壘。韓愈此文，情眞意摯，文字古樸，風骨蒼勁，氣勢奔放，確爲祭文中難得的佳品。

本文以「乃能銜哀致誠」的「哀」字爲線眼，縱論叔侄不能相聚生活的哀痛。以「情」爲輕，以「離」

爲緯，勾畫一幅生離死別的傷景，令人不禁淚下。文分前後兩部：

前部：追敍生平；文分兩層：

第一組：敍述。

「年月日，季文愈聞汝喪之七日，乃能銜哀致誠」：點明派人祭告時間，及叔侄的關係。「乃能銜哀致誠」的「乃」字，頗有拖延遲緩的意思；因爲韓愈得知死訊，月日不符；因此想查明時間，而躭誤了時候。「聞」字，暗示別離，預爲下文埋了伏筆。

「使建中遠具時羞之奠」：「遠」字，又點別離。

「告汝十二郎之靈」：總啓全文；全文皆由此句引發。「十二郎」：點明身分。

一、幼年相依：自敍生平，附敍十二郎。

㈠處境：

少孤：「吾少孤，及長，不省所怙，惟兄嫂是依」：以「嗚呼」二字發端，慨嘆身世，又哀十二郎。不省所怙，語出詩經小雅蓼莪：「無父何怙，無母何恃。」再寫身世的淒涼。「惟兄嫂是依」，承「不省所怙」而來，點出韓愈與十二郎自幼相依的情形。

2. 流離：

(1)兄歿歸葬：「中年，兄歿南方，吾與汝俱幼，從嫂歸葬河陽」：幼年失怙，也夠可悲；如今阿兄又已逝去，更是令人鼻酸。多少傷心事，竟全集中韓愈身上。欲悼十二郎，先行自述遭遇，可收襯境之效。

(2)就食江南：「既又與汝就食江南」：極寫顚沛流離的情形。「既」字，耐人尋味。

㈡原因：

1. 敍：

(1)家世：「吾上有三兄，皆不幸早逝」：預爲下文「形單影隻」埋了伏筆。

(2)落實：「承先人後者，在孫惟汝，在子惟吾」：暗示「形單影隻」。

「兩世一身，形單影隻」：收家世、落實兩節，極寫家門的廖落，襯出十二郎又已逝亡的傷痛，預爲文末「彼蒼者天，曷其有極」埋下伏筆。

(3)引說：「嫂嘗撫汝指吾而言」：照應上文「惟兄嫂是依」。

「韓氏兩世，惟此而已」：收束上文，明示「形單影隻」，襯出淒絕。

2. 議：

(1)十二郎：「汝時尤小，當不復記憶」：「不復記憶」，補敍「尤小」。

(2)作者：「吾時雖能記憶，亦未知其言之悲也」：「未知其言之悲」，暗點「幼小」。

韓氏兩代，惟有兩人；十二郎與韓愈，「不復記憶」、「未知其言之悲」，年紀尚小，孤寂的家門，不知稚子是否能夠順利長大，是爲最可悲慘的事。

二、早年相離：自敍生平，附敍十二郎；以「離」、「合」交織全段文字。

㈠敍：

1. 十九歲時：「吾年十九，始來京城」：離。預爲下文「旅食京師」作了張本。

2. 其後四年：「而歸視汝」：合。預爲下文「將成家而致汝」作了張本。

3. 又四年：「吾往河陽省墳墓」：離。照應上文「從嫂歸葬河陽」句。

「遇汝從嫂喪來葬」：合。韓愈少孤，「惟兄嫂是依」；如今嫂又去世，文章益增悲涼氣氛。

4.又二年：「吾佐董丞相於汴州」：離。預爲下文「以求斗斛之祿」作了張本。

「汝來省吾」：合。

5.止一歲：「請歸取其孥」：離。

6.明年：「丞相薨，吾去汴州，汝不果來」：離。

7.是年：「吾佐戎徐州，使取汝者始行，吾又罷去，汝又不果來」：離。

離合交綜，始終未能長聚；早年惟依兄嫂，既長未能照顧侄子；如今侄子已逝，韓愈怎能不悲？「汝不果來」、「汝又不果來」，似乎暗示韓愈身體早衰，急欲與侄相會，託以未竟之志；預爲下文「汝不肯來，恐旦暮死，而汝抱無涯之戚也」埋了伏筆。

(二)議：抒發感慨。

1.虛筆：爲十二郎設想。

(1)作客不久：「吾念汝從於東，東亦客也，不可以久」：照應上文遷徙流離、時相乖違。

(2)成家致汝：「圖久遠者，莫如西歸，將成家而致汝」：暗點叔侄情誼深厚。

作者自歎流離遷徙，終非良策；但求西歸，成家而致十二郎；設想周到，感情篤厚。

2.落實：「嗚乎！孰謂汝遽去吾而歿乎」：收虛筆一節。「遽」字與上文「圖久遠者」的「遠」字，相映成趣，氣氛更爲悲涼。

3.虛筆：爲自己設想。

(1)可暫相別：「吾與汝俱少年，以爲雖暫相別，終當久與相處」：「暫」字，突顯作者渴望相聚，而又不得不相分離的無奈。

⑵旅食京師：「故捨汝而旅食京師，以求斗斛之祿」：承上文而來；「捨」字與上文「暫」字相互烘托，讀了令人不禁落淚。

4.落實：「誠知其如此，雖萬乘之公相，吾不以一日輟汝而就也」：「一日」，極寫愛情的深厚；「輟」字，突顯兩人感情的深厚。收束本段文字。

第二組：抒情。

一、立論：自敍身體狀況，爲下文傷悼十二郎預作張本。抑筆。

㈠敍。

1.年齡：「吾年未四十」：「未」字，暗點不該體衰，爲下文的鋪敍作張本。

2.身體：

⑴眼睛：「而視茫茫」。

⑵頭髮：「而髮蒼蒼」。

⑶牙齒：「而齒牙動搖」。

敍寫身體，僅以眼睛、頭髮、牙齒三者，作爲具體的抒描，點出健康的情形。如此敍述，有二原因：

1.抒描景色或摩狀事物，如果沒有具體的形容，將無法使人體會眞實的情形，意象必然無法鮮明。

2.景色或事物多種，如果逐一羅列，文章必然繁瑣細屑；所以只能挑選一、二具有代表性的加以形容，勾出明確而鮮明的意象。

「而視茫茫，而髮蒼蒼，而齒牙動搖」句，連用「而」字，就文意說，頗有身體不勝衰弱的感覺；就氣勢說，頗有苟延殘喘的無奈。

㈡議：與諸父比較，極寫身體的衰弱，爲下文的哀悼蓄勢。

1. 諸父：「念諸父與諸兄，皆康彊而早逝。」

2. 自己：「如吾之衰者，其能久存乎？」

「康彊」與「衰」字並舉，「早逝」與「久存」並舉，一揚一抑，逆折文氣，突顯哀慟、隱示抱怨之情，爲下文預作張本。

「吾不可去，汝不肯來」：照應上文「汝果不來」、「汝又果不來」句，感歎生年的無法相聚，而今徒然抱憾而已。

「恐旦暮死，而汝抱無涯之戚也」：照應上文「而視茫茫，而髮蒼蒼，而齒牙動搖」的衰弱情形。「旦暮」二字，極寫危命奄奄的情形。反襯下文疑、信二字。

「孰謂少者歿而長者存，彊者夭而病者全乎」：收束上文。「少者」、「彊者」：照應上文「康彊」二字，暗點十二郎；「長者」、「病者」照應上文「吾年未四十，而視茫茫」句，暗點自己。以對比方式突顯心中的不幸與哀痛，感情很是深刻。

二、申論：以疑、信反覆抒陳心中不能接受的事實。

㈠感歎：

「嗚乎！其信然邪？其夢邪？其傳之非其眞邪」：以感歎開端，連用反詰語氣發抒心中的感受，令人動心。因爲心中貯積太多的悲慟，非一、兩語所可發洩，所以作者在此連用問句詰責，感情濃烈，文勢奔騰。開啓下文。

十二郎少而彊壯，猝然卒逝，作者無法承擔；又，兩人感情深厚，作者雖然明知已逝，却仍不願接受；因此下文以疑、信兩者反覆申訴，頗有呼天號地的悲情。

1. 就父親而言：盛德。

(1) 立案：「吾兄之盛德。」

(2) 翻案：「而夭其嗣乎？」

2. 就十二郎而言：純明。

(1) 立案：「汝之純明。」

(2) 翻案：「而不克蒙其澤乎？」

3. 就作者而言：少彊。

(1) 立案：「少者、彊者而夭歿。」

(2) 翻案：「長者、衰者而存全乎？」

以立案、翻案的反襯方式，抒描不願接受、而事實如此的苦痛心情。

(二) 落實：

1. 虛筆：「未可以爲信也，夢也，傳之非其眞也」：承上啓下，以疑、信二字，再作一次轉折。

2. 實筆：「東野之書、耿蘭之報，何爲而在吾側也」：破上句「未可以爲信也」，照應文端「愈聞汝喪之七日」的「聞」字。

「嗚呼！其信然矣」：收落實一節。

㈢結論：埋怨上天，頗含憤激之氣。

1.就人而言：

(1)父親盛德：「吾兄之盛德而夭其嗣矣！」

(2)十二郎純明：「汝之純明宜業其家者，不克蒙其澤矣」：「澤」字回應上句。

「吾兄之盛德而夭其嗣乎」的「乎」字，與此節的「矣」字，一詰一歎，可以看出作者感情的起伏狀態。用「乎」字時，情緒高昂，頗有呼天搶地、痛不欲生的氣勢；用「矣」字時，情緒已經稍微平靜，心中滿是無奈、無助的感傷。

2.就天而言：

(1)天道無親：「所謂天者誠難測，而神者誠難明矣」；埋怨上天不公。

(2)生命不測：「所謂理者不可推，而壽者不可知矣」：感傷人生的無常。

司馬遷在史記伯夷列傳中，懷疑「天道無親，常與善人」的眞實性；韓愈於此，也擧其兄德、侄純反駁此說，使漢、唐相互輝映。

㈣餘波：以自己的衰弱寬慰十二郎，並以虛筆發抒渴求相聚的心意。

1.身體：就作者言。

「雖然，吾自今年來」：上文「吾年未四十」，下文敍述近況。

(1)分敍：具體敍述健康情形。實筆。

a.頭髮：「蒼蒼者或化而爲白矣」：照應上文「而髮蒼蒼」，進一層突顯衰弱。

d.牙齒：「動搖者或脫而落矣」：照應上文「而齒牙動搖」，進一層突顯衰弱。

(2)總說：「毛血日益衰，志氣日益微」：概括敘述健康情形。「幾何不從汝而死也」：收身體衰弱一節。勸慰他人，必須擧出本身不幸的遭遇，使對方有「吾心戚戚」的感覺，進而引起共鳴。

2.交情，就作者與十二郎言。虛筆。

(1)「死而有知」：「其幾何離。」

(2)死而無知：「悲不幾時，而不悲者無窮期矣。」

3.後代，就作者與十二郎之子息而言。實筆。

(1)敘述：「汝之子始十歲，吾之子始五歲」：「始」字極言其弱；爲下文的議論預作張本。

(2)議論：「少而彊者不可保，如此孩提者，又可冀其成立邪」：照應上文「少者歿而長者存，彊者夭而病者全」，以推理的方式議論。作者因十二郎的強壯而死，不禁對於稚子是否能夠成立產生懷疑。

「嗚呼哀哉！嗚呼哀哉」：收束全段文字。

本文以反覆議論的方式，抒發心中的感歎，文字似乎稍嫌繁瑣，但氣勢却很暢盛；一股濃烈的不平，直逼胸口而來。

後部：追敘病喪之時；文分兩層：

第一組：敘。

一、病時：以書信爲主。

(一)病前：追敘。

1.來信：「汝去年書云：比得輭腳病，往往而劇」：點出發病時間—去年，病歿原因—輭腳病，病情—「往往而劇」。重筆。

2. 去信：「吾曰：是疾也，江南之人，常常有之。未始以爲憂也」：點出發病地點—江南，該病症狀—輕微，即「往往有之」。輕筆。

十二郎來信，以重筆敍描病狀，韓愈覆信，以輕筆閒散帶過；輕、重對舉，預爲末段自責未盡職分埋下伏筆。

「嗚呼！其竟以此而殞其生乎？抑別有疾而至斯乎」：「其竟以此而殞其生乎」照應上文「未始以爲憂也」。連用反詰語氣，把作者無法接受事實的心態，表露無遺。

(二)病歿：以傳訊爲主；照應文端「季父愈聞汝喪之七日」的「聞」字。

1. 汝之書：「六月十七日。」

2. 東野云：「汝歿以六月二日」—「蓋東野之使者，不知問家人以月日」—「東野與吾書，乃問使者，使者妄稱以應之耳」：說明東野傳訊的根據。

3. 耿蘭之報：「無月日」—「如耿蘭之報，不知當言月日」：說明耿蘭之報的疏忽。

死訊傳遞不眞，是爲韓愈哀慟的另一原因；生前不能相聚，死後未得確知消息，韓愈怎能不感悲傷？「其然乎？其不然乎」：死訊不明，又增傷感；收束本段文字。

二、喪葬：落實。

(一)守喪：「今吾使建中祭汝，弔汝之孤與汝之乳母」：照應文端「使建中遠具時羞之奠」句。情形有二：

1. 可守終喪：「彼有食，可守以待終喪，則待終喪而取以來」：以「食」爲主，決定是否可守終喪。

2.未能終喪：「如不能守以終喪，則遂取以來」：暗點下文「教吾子與汝子，幸其成；長吾女與汝女，待其嫁。」

3.其他：「其餘奴婢，並令守汝喪」：責令奴婢守喪。

㈡改葬：「吾力能改葬，終葬汝於先人之兆」：葉落歸根；客死異地，仍應迎骨回鄉，這是古代重去其鄉的觀念。

「然後惟其所願」：明示兩人交情的深厚；十二郎客死異地，韓愈「力能改葬」，將遷葬故鄉；雖死仍然不忘摯情。

第二組：議；收束全文。

一、自責：

㈠不知正確時間：

「汝病吾不知時，汝歿吾不知日」：收束四段文字。

㈡不得相養共知：

「生不能相養以共知，歿不得撫汝以盡哀」：收束二段文字。

㈢不能親臨墓穴：

「斂不憑其棺，窆不臨其穴」：收束五段文字。

㈣有負神明：

「吾行負神明，而使汝夭」：將自責往上推進一層，從怨己而負神，更見深刻。

㈤不孝不慈：

「不孝不慈，而不得與汝相養以生，相守以死」：收束三段文字。

二、落實：

㈠處境：「一在天之涯，一在地之角」：明示死別。

㈡感歎：「生而影不與吾形相依，死而魂不與吾夢相接」：生離死別，作者又發慨言。

「吾實爲之，其又何尤」：收束落實一節。

「彼蒼者天，曷其有極」：收束自責一節。

三、餘波：

㈠自處之道：

1. 就心境說：「自今已往，吾其無意於人世矣」：明示十二郎之死，對作者打擊的嚴重；突顯兩人交情的深厚。

2. 就處境說：「當求數頃之田於伊潁之上，以待餘年」：隱居伊潁，不求聞達；頗有萬念俱灰的悲涼。

㈡苟活原因：

1. 教子：「教吾子與汝子，幸其成。」

2. 教女：「教吾女與汝女，待其嫁。」

教育子女句與三段「少而彊者不可保，如此孩提者，又可冀其成立邪」對擧；孩提不易照顧，突顯作者苟活的原因—責任重大。

「如此而已」：收苟活原因一節。

「嗚呼！言有窮而情不可終，汝其知邪？其不知也邪」：收束本段文字。

「嗚呼哀哉！尙饗」：祭文末語，總收全文。

批評

本文情感濃烈，反覆慨歎生離死別，讀了令人傷心。淸林雲銘曾批評此文，具有六大可哀之處：

1.「以其一身承世代之單傳，可哀一。」

2.「年少且強而早世，可哀二。」

3.「子女俱幼，無以爲自立計，可哀三。」

4.「就死者論之，已不堪道如此，而韓公以不料其死而遽死，可哀四。」

5.「相依日久，以求祿遠離，不能送終，可哀五。」

6.「報者年月不符，不知是何病亡，何日歿，可哀六。」

六大可哀之處，路人聞之，尙且鼻酸，何況身爲叔侄關係的韓愈，怎能無動於衷？

全文可分前後兩部，各含敍議兩層；一、二兩段，自敍生平，附入十二郎情形，爲下文遽死訣別預作張本。下文則以自己與十二郎間雜抒感，以深情爲主，交織成文，不能理出彼我。責怪自己未能善盡照顧職分，致使十二郎遭遇不幸；末以教養子女作結，企求補贖前過；眞情屢見，動人心弦。

二段文字雖然繁瑣，但在娓娓款敍之中，却能別具特色：

一、本段雖以離、合並擧，交織成文；但作者却有所側重，卽側重在離字上，氣氛很是悲涼。

二、以年紀爲經，以離、合爲緯，追敍自己的生平，附入與十二郎的關係，寓有深厚的感情。作者雖不明寫感情，但在反覆申述離、合的文字中，自然寄有深意。

三、屢用頓筆，橫截文意，蓄積文勢；如同水流本來不強，所以中途築堤堵塞，貯積水量；待水量超越泥堤後，傾瀉而下，頓時水勢洶湧澎湃，蔚爲奇景。本段末了，屢用此法跌宕文意，製造波瀾；如「將成家而致汝」一頓，「以求斗斛之祿」一頓；「孰謂汝遽去吾而歿乎」一頓，「吾不以一日輟汝而就也」點明旨意；頓挫抑揚之筆交錯運用，文意曲折，變化多端，情感愈轉愈形激烈，氣勢節節升高；至「吾不以一日輟汝而就也」句，情感又現低沈，如同無助的呻吟一般。

三段反覆申說心中不願接受的心情。如：

一、「嗚呼！其信然邪？其夢邪？其傳之非其眞邪」：第一次轉折。疑。

二、「未可以爲信也，夢也，傳之非其眞也」：第二次轉折。疑。

三、「嗚呼！其信然矣」第三次轉折。信。

疑、信之間，令人深省。

本文屢用反詰語氣，逼問讀者，激使文氣暢達，一瀉千里，誠屬佳作。韓愈文章，向以陽剛之美取勝，絕少柔和溫煦的小品。本文雖然委曲陳情，氣勢却仍然如同其他文章一樣，磅礴奔放，像長江大水一般，傾瀉千里，不可遏抑。

祭十二郎文

- 哀
  - 追敘生平
    - 敘述
      - 幼年相依
        - 處境—少孤、流離
        - 原因—家世不幸、兩世一身
        - →「不復記憶」、「未知其言之悲」
      - 早年相離
        - 敘—離、合反覆申說、慨歎離多聚少
        - 議—旅食京師，終未相聚
        - →「誠知如此，不以一日輟離」
      - →自歎身世
    - 抒情
      - 立論
        - 敘—自歎身體衰弱
        - 議—「恐旦暮死，而汝抱無涯之戚也」
        - →「孰謂少者歿而長者存，彊者夭而病者全乎」
      - 申論
        - 感歎—以疑、信反覆申說
        - 落實—盛德、純明、少彊已歿
        - →「壽者不可知」
      - →「死而有知，其幾何離；其無知」，不悲無窮期
  - 追敘病喪
    - 敘
      - 病時
        - 病前—輭腳病劇，江南常有之
        - 病歿—汝書、東野所云、耿蘭之報，未知歿日
        - →「其然乎？其不然乎」
      - 喪葬
        - 守葬—「彼有食，可守以待終喪」，不能「則遂取以來」
        - 改葬—「吾力能改葬，終葬汝於先人之兆」
        - →「然後惟其所願」
    - 議
      - 自責
        - 不知正確時間、不得相養共生、不能親臨墓穴
        - 有負神明、不孝不慈
      - 落實
        - 處境—「一在天之涯，一在地之角」
        - 感歎—「生而影不與吾形相依，死而魂不與吾夢相接」
        - →「吾實爲之，其又何尤」
      - →「彼蒼者天，曷其有極」
      - 餘波
        - 自處之道—「吾其無意於人世矣」
        - 苟活原因—教子、教女—「如此而已」
        - →「言有窮而情不可終」
- →「嗚呼哀哉！尚饗！」

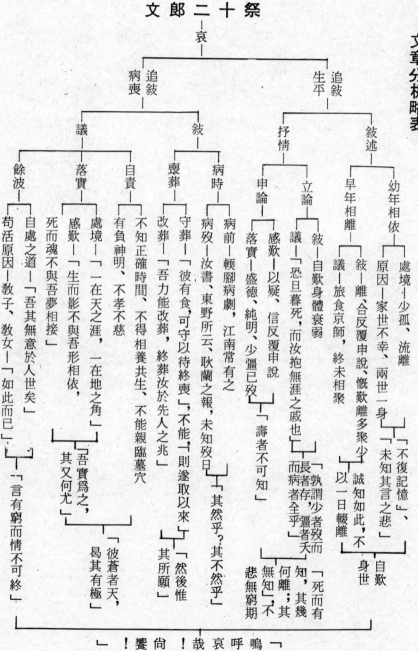

六　學問之趣味

梁啓超

我是個主張趣味主義的人，倘若用化學化分「梁啟超」這件東西，把裏頭所含一種原素名叫「趣味」的抽出來，祇怕所剩下的僅有個零了。我以爲凡人必常常生活於趣味之中，生活纔有價值。若哭喪著臉捱過幾十年，那麼，生活便成沙漠，要來何用？中國人見面最喜歡用的一句話：「近年作何消遣？」這句話我聽著便討厭。話裏的意思，好像生活得不耐煩了，幾十年日子沒有法子過，勉强找些事情來消他遣他。一個人若生活於這種狀態之下，我勸他不如早日投海。我覺得天下萬事萬物都有趣味，我祇嫌二十四點鐘不能擴充到四十八點，不彀我享用。我一年到頭不肯歇息。問我忙什麼？忙的是我的趣味。我以爲這便是人生最合理的生活，我常常想運動別人也學我這樣生活。

凡屬趣味，我一概承認他是好的。但怎麼樣纔算趣味？不能不下一個注脚。我說：「凡一件事做下去不會生出和趣味相反的結果的，這件事便可以爲趣味的主體。」賭錢，有趣味嗎？輸了，怎麼樣？吃酒，有趣味嗎？病了，怎麼樣？做官，有趣味嗎？沒有官做的時候，怎麼樣？……諸如此類，雖然在短時間內像有趣味，結果會鬧到俗語說的「沒趣一齊來」，所以我們不能承認他是趣味。凡趣味的性質，總要以趣味始，以趣味終。

所以能爲趣味之主體者，莫如下列幾項：一、勞作，二、遊戲，三、藝術，四、學問。諸君聽我這段話，切勿誤會，以爲我用道德觀念來選擇趣味。我不問德不德，祇問趣不趣。我並不是因爲賭錢不道德纔排斥賭錢；因爲賭錢的本質會鬧到沒趣，鬧到沒趣便破壞了我的趣味主義，所以排斥賭錢。我並不是因爲學問是道德纔提倡學問；因爲學問的本質，能彀以趣味始，以趣味終，最合於我的趣味主義的條件，所以提倡學問。

學問的趣味，是怎麼一回事呢？這句話我不能回答。凡趣味總要自己領略，自己未曾領略得到時，旁人沒法子告訴你。佛典說的：「如人飲水，冷暖自知。」你問我這水怎麼的冷，我便把所有形容詞說盡，也形容不出給你聽，除非你親自喝一口。我這題目——學問之趣味，並不是要說學問是如何如何的有趣味，祇是要說如何如何便會嘗得著學問的趣味。

諸君要嘗學問的趣味嗎？據我所經歷過的，有下列幾條路應走：

第一、無所爲——趣味主義最重要的條件是「無所爲而爲」。凡有所爲而爲的事，都是以別一件事爲目的而以這一件事爲手段，爲達目的的起見，勉强用手段；目的達到時，手段便拋卻。例如：學生爲畢業證書而做學問，著作家爲版權而做學問，這種做法，便是以學問爲手段，便是有所爲；有所爲雖然有時也可以爲引起趣味的一種方便，但到了趣味眞發生時，必定要和「所爲者」脫離關係。你問我：「爲什麼做學問？」我便答道：

「不爲什麼。」再問，我便答道：「爲學問而學問。」或者答道：「爲我的趣味。」諸君切勿以爲我這些話是掉弄玄虛，人類合理的生活本來如此。小孩子爲什麼遊戲？爲遊戲而遊戲。人爲什麼生活？爲生活而生活。爲遊戲而遊戲，遊戲便有趣；爲體操分數而遊戲，遊戲便無趣。

第二、不息——「鴉片烟怎樣會上癮？」「天天喫。」「上癮」這兩個字，和「天天」這兩個字是離不開的。凡人類的本能，祇要那部分擱久了不用，他便會痳木會生鏽。十年不跑路，兩條腿一定會廢了；每天跑一點鐘；跑上幾個月，一天不跑時，腿便發癢。人類爲理性的動物，「學問慾」原是固有本能之一種；祇怕你出了學校便和學問告辭，把所有經管學問的器官一齊打落冷宮，把學問的胃口弄壞了，便山珍海味擺在面前也不願意動筷子。諸君啊！諸君倘若現在從事教育事業或將來想從事教育事業，自然沒有問題，很多機會來培養你的學問胃口。若是做別的職業呢？我勸你每日除本業正當勞作之外，最少總要騰出一點鐘，研究你所嗜好的學問。一點鐘那裏不消耗了，千萬不要錯過，鬧成「學問胃弱」的證候，白白自己剝奪了一種人類應享之特權啊！

第三、深入的研究——趣味總是慢慢的來，越引越多；像倒吃甘蔗，越往下纔越得好處。假如你雖然每天定有一點鐘做學問，但不過拏來消遣消遣，不帶有研究精神，趣味便引不起來。或者今天研究這樣，明天研究那樣，趣味還是引不起來。趣味總是藏在深處，你想得著，便要入去。這個門穿一穿，那個窗戶張一張，再不會看見「宗廟之美，百官之富」，如何能有趣味？我方纔說：「研究你所嗜好的學問。」嗜好兩字很要緊。一個人受過相當的教育之後，無論如何，總有一兩門學問和自己脾胃相合，而已經懂得大概，可以作加工研究之預備的。請你就選定一門作爲終身正業（指從事學者生活的人說），或作爲本業勞作以外的副業（指從事其他職業的人說）。不怕範圍窄，越窄越便於聚精神；不怕問題難，越難越便於鼓勇氣。你祇要肯一層一層的往裏面追，我保你一定被他引到「欲罷不能」的地步。

第四、找朋友——趣味比方電，越摩擦越出。前兩段所說，是靠我本身和學問本身相摩擦；但仍恐怕我本身有時會停擺，發電力便弱了。所以常常要仰賴別人幫助。一個人總要有幾位共事的朋友，同時還要有幾位共學的朋友。共事的朋友，用來扶持我的職業；共學的朋友和共玩的朋友同一性質，都是用來摩擦我的趣味。這類朋友，能穀和我同嗜好一種學問的自然最好，我便和他搭夥研究。即或不然——他有他的嗜好，我有我的嗜好，祇要彼此都有研究精神，我和他常常在一塊或常常通信，便不知不覺把彼此趣味都摩擦出來了。得著一兩位這種朋友，便算人生大幸福之一。我想祇要你肯找，斷不會找不出來。

我說這四件事，雖然像是老生常談，但恐怕大多數人都不會這樣做。唉！世上人多麼可憐啊！有這種不假外求，不會蝕本，不會出毛病的趣味世界，竟自沒有幾個人肯來享受！古書說的故事「野人獻曝」，我是嘗冬天曬太陽的滋味嘗得舒服透了，不忍一人獨享，特地恭恭敬敬的來告訴諸君，諸君或者會欣然采納吧？但我還有一句話：太陽雖好，總要諸君親自去曬，旁人卻替你曝不來。

——飲冰室合集——

分析

學問之趣味一文，是作者民國十二年八月六日在東南大學暑期學校講演的講稿；就枯燥的生活中，標舉「趣味」二字；然後再從諸般趣味裡，點出最高的境界—學問。只有研究學問，才能使生活得到趣味，生命變得充實；這是作者講演的主旨所在。

本文以「趣味」二字作爲線眼，提出四大方法，作爲同學培養趣味的途徑；勉勵後進從事學問的研究，使時間不會浪費在無謂的瑣事中，爲人生扉頁塗上最絢爛的色彩。文分前後兩部：

前部：序言。

一、趣味的重要：

(一)前提：

1. 正說：

(1)總綱：「我是個主張趣味主義的人」：全文總綱，總啓下文。

(2)補敍：「倘若用化學成分……祇怕所剩下的僅有個零了」：以自己的名字爲例，補敍上句，強調趣味的重要。

(3)結論：「我以爲凡人必常常生活於趣味之中，生活纔有價値」：點出「生活」二字，說明生活的主體在於「趣味」二字。

2.反說：「若哭喪着臉捱過幾十年……要來何用」：從反面申述趣味的重要，並以反詰語氣逼問讀者，迫使文氣暢盛。

(二)舉例：破他。

1.例子：「中國人見面最喜歡用的一句話：近來作何消遣」：就一般觀念立論，下文再行議說；在文章上是爲「破他」—破除他人說法。

2.批評：「這句話我聽著便討厭」：作者的批評。

3.解說：「話裏的意思……勉強找些事情來消他遣他」：解說批評的原因。

4.結論：「一個人若生活於這種狀態之下，我勸他不如早日投海」：以憤激的口氣，從反面強調生活趣味的重要。

(三)議論：立己—建立自己的理論。

1.就空間言趣味：「我覺得天下萬事萬物都有趣味」：「萬物靜觀皆自得」；只要存著趣味的心，凡事必然含有趣味。

2.就時間言趣味：「我祇嫌二十四點鐘不能擴充到四十八點，不彀我享用」：生活在趣味之中，日子不但不覺枯燥，反而常有時光易逝的感傷。

「我一年到頭不肯歇息」：收時間、空間兩節。
「問我忙什麼」：設問。
「忙的是我的趣味」：再次明點趣味兩字。
「我以爲這便是人生最合理的生活」：就生活言趣味，收束本段文字。
「我常常想運動別人也學我這樣生活」：就上句「最合理的生活」進一層議論，加強文意。

二、趣味的定義：

(一)正說：標示前提。

1. 趣味定義：「凡屬趣味，我一概承認他是好的」：本段綱領，以「好」字界定趣味。

2. 趣味主體：「凡一件事做下去不會生出和趣味相反的結果的，這件事便可以爲趣味的主體」：補敍定義，進一層說明趣味的前提—「好」字。

(二)反說：舉例反證趣味。

1. 賭錢：

(1)設問：「有趣味嗎」：引起讀者思考。

(2)批評：「輸了，怎麼樣」：作者點出不合興趣的原因。

2. 吃酒：

(1)設問：「有趣嗎？」

(2)批評：「病了，怎麼樣？」

3. 做官：

(1)設問：「有趣嗎？」

(2)批評：「沒有官做的時候，怎麽樣？」

此節敍述，有三重特點：

1. 設問讀者，引發思考；下文再以反詰語氣逼問讀者，加強說理的分量，氣勢也很暢盛。

2. 賭錢、吃酒、做官三例並擧，以同樣的語氣詰問，可以收到反覆議論的效果。

3. 以設問擧出例子，以虛筆假設結果，反襯主題「趣味」二字。

「諸如此類……所以我們不能承認他是趣味」：收上文反說一節。

(三)補敍：就上文猶未完足之處，詳加鋪述。

「凡趣味的性質……以趣味終」：補敍上文趣味定義中的「好」字。

「所以能爲趣味之主體者……學問」：補敍上文趣味主題，具體提出勞作、遊戲、藝術、學問四者。

「諸君聽我這段話……以爲我用道德觀念來選擇趣味」：補敍上文兩句，就一般人容易誤解處提出說明，闡述趣味並不是以道德觀念來界定的。

(四)議論：上文反說部分：只以虛筆假設結果，並未點出原因；本節則予說明，具體標出反對的原因，並不是基於道德，而是著眼在趣味上。

「我不問德不德，祇問趣不趣」：文章的過峽，用來銜接上下文。

1. 反說：以賭錢爲例。

(1)立論：「我並不是因爲賭錢不道德纔排斥賭錢」：照應上文反說部分的賭錢。

(2)原因：「因爲賭錢的本質會鬧到沒趣……所以排斥賭錢」：點出「趣味」，說明「好」字。

2.正說：以學問爲例，點出題文「學問的趣味」。

(1)立論：「我並不是因爲學問是道德纔提倡學問」：照應上文「我不問德不德，祇問趣不趣。」

(2)原因：「因爲學問的本質……所以提倡學問」：點出「趣味」，說明「好」字。

趣味由生活而學問，文章逐步縮小，最後著眼在學問上；起筆遠，不會產生膠著題文的缺失；漸次縮小範圍，點出主題；僅就特殊之處抒描，沒有空泛的毛病。

三、趣味的感受：

㈠設問：「學問的趣味，是怎麽回事呢」：引發讀者思考。

「這句話我不能回答」：故意避開正面的回答，懸宕文意，待下句再行點出。

㈡概說：「凡趣味總要自己領略……旁人沒法子告訴你」：勾出「自己領略」四字，作爲趣味感受的眞實情形。

㈢引說：「佛典說的：如人飲水，冷暖自知」：引傳燈錄蒙山道明章之語，證明「自己領略」的正確性，加強說理的分量。

㈣議論：「你問我這水怎樣的冷……除非你親自喝一口」：就佛典之語歸納結論，並發抒感想；收束本段文字。

「我這題目……祇是要說如何如何便會嘗得著學問的趣味」：總收序言部分文字。

「諸君要嘗學問的趣味嗎……有下列幾條路應走」：總啓下文；下文才是文章的主旨部分。如何享受學問的趣味，作者認爲有四條路徑可走。

方法。

後部：

一、無所爲：

㈠前提：「趣味主義最重要的條件是無所爲而爲」：標出全段總綱，下文再行詳敍。爲了某種目的做事，必然患得患失，心中無法坦然；戒愼恐懼，惟恐一有差失，便會影響結果。在這種情形之下，怎能獲得情趣？只有以無所爲的心情做事，才能欣賞過往的每一歷程，才能得到生活眞正的趣味。

㈡反說：以反面說理補敍前提，並作進一層的議論。

1. 立論：「凡有所爲而爲的事……手段便拋卻」：補敍「無所爲而爲」，從反面闡發如何獲得生活的趣味。如果心中只存目標，時時刻刻要求自己朝此邁進，生活必然枯燥乏味；因爲達成了理想，雖能得到莫大的快樂；但那只是短暫的，緊接著仍有更高遠的路要走。人生時常都在奔進之中；奔進之中就是過程；只有邊走邊欣賞路邊的花草，享受過程的趣味，才是生命的眞正意義。

2. 舉例：「例如：學生爲畢業證書而做學問……便是有所爲」：本文係對學生的演講稿，所以舉學生爲例，使同學倍感親切，容易引起共鳴。

3. 議論：「有所爲雖然有時也可以引起趣味的一種方便……必定要和所爲者脫離關係」：「有所爲雖然有時也可以引起趣味的一種方便」：懸宕文意，把文章推開一層敍述，逼使文氣暢盛。收束反說一節。

㈢落實：照應題文「學問之趣味」；從泛說的諸般趣味中，回到學問之上。

1. 設問：「爲什麽做學問」：責問讀者，引發思考。

2. 主題：逐步涉入主旨，文意一層比一層深刻。

(1)「不爲什麽？」

(2)「爲學問而學問。」

(3)「爲我的趣味。」

由「不爲什麽」而「學問」，而「趣味」，照應題文「學問之趣味」。

3. 議論：「諸君切勿以爲我這些話是掉弄玄虛，人類合理的生活本來如此」：由學問擴及生活，點出人類生命的意義。收束全段文字。

4. 餘波：以遊戲爲例，補敍「無所爲而爲」。「爲遊戲而遊戲，遊戲便有趣」：「無所爲」；「爲體操分數而遊戲，遊戲便無趣」：「有所爲而爲」。以「有趣」、「無趣」闡述「無所爲」與「有所爲」兩者，作具體而明確的敍述。

二、不息：

(一)舉例：先舉例然後帶入議論，容易使人接受，並引起共鳴，而增加說理的分量。

1. 設問：「鴉片煙怎麽會上癮」：以「鴉片煙」爲例。

2. 回答：「天天吃」：暗埋「不息」的伏筆，爲下文的議論預作張本。

3. 結論：「凡人類的本能……他便會麻木會生鏽」：收上文，歸出理論。

4. 議論：「十年不跑路……腿便會發癢」：由「鴉片」引出「上癮」，由「上癮」擴及「習慣」，暗點「不息」二字。收舉例一節。

(二)落實：文筆回到「學問之趣味」。

1. 前提：「人類爲理性的動物，學問慾原是固有本能之一種」：作者首先勾出「學問慾」人人都有，只怕自己疏忽不用，預爲下文的議論作張本；以「學問慾」本於天賦，不須稍假外鑠勉勵讀者。

2.反說：「祇怕你出了學校便和學問告辭……便山珍海味擺在面前也不願意動筷子」：「學校」、「學問」點出演講的對象—學生；說明「學問慾」本是人人所具有的，爲什麽後來大部分人都喪失了的原因。

3.正說：敍述保存「學問慾」的方法；以從事的事業區分：

⑴從事教育事業：「自然沒有問題，很多機會來培養你的學問胃口」：就直接接觸而言；教育與學問本是一體。

⑵其他事業：「我勸你每日除本業正當勞作之外……研究你所嗜好的學問」：就間接接觸而言，每天挪出時間，不斷充實自己。

「一點鐘那裏不消耗了……白白自己剝奪了一種人類應享之特權啊」：補敍上文「其他事業」一節，並收束全段文字。

三、深入的研究：

㈠前提：「趣味總是慢慢的來，越引越多」：承上段「不息」進一層議論。

「像倒吃甘蔗，越往下纔越得好處」：舉衆人熟知之事，使人易於了解。

㈡反說：

1.不能專心：「假如你雖然每天定有一點鐘做學問……趣味便引不起來」：不能專心，必然不能深入；不能深入，終究無法發現趣味。

2.不能深入：「或者今天研究這樣……趣味還是引不起來」：博而不能專精，只作層面的研究、還是無法嘗到趣味的眞趣。

3.結論：「趣味總是藏在深處……再不會看見宗朝之美，百官之富」：就上文不能專心、不能深入兩節，歸出原因，並收束反說一節。

㈢正說：

1.設問：「如何能有趣味」：引發讀者思考。

2.主題：「研究你所嗜好的學問」：下文就「嗜好」二字，詳加闡述。

「一個人受過相當的教育之後……或作爲本業勞作以外的副業」：照應上段「從事教育事業」及擔任其他職業兩者。「指從事學者生活的人說」、「指從事其他職業的人說」是爲挿敍，解釋正業、副業之意。

下文就深入研究勉勵同學：

⑴就範圍說：「不怕範圍窄，越窄越便於聚精神」：用心觀察，必能時時發現問題；專心研究，必能常常有所心得。

⑵就問題說：「不怕問題難，越難越便於鼓勇氣」：不經一番風雨，那有豐碩收穫？屢挫屢起，才能得到眞正的趣味。

「你祇要肯一層一層的往裏面追，我保你一定被他引到欲罷不能的地步」：收束全段文字。

「不息」與「深入的研究」兩者，息息相關，不分輕重。

四、找朋友：

㈠前提：「趣味比方電，越摩擦越出」：承接上文的「不息」、「深入的研究」兩段，並開啓本段文字。

「前兩段所說，是靠我本身和學問本身相摩擦」：插敍，說明前兩段的性質。

㈡原因：「但仍恐怕我本身有時會停擺……所以常常要仰賴別人幫助」：惟恐自己鬆懈怠惰，因此需要朋友時常鞭策、鼓勵。

㈢朋友：

1. 性質：

(1)「共事的朋友」。

(2)「共學的朋友」。

2. 作用：

(1)「用來扶持我的職業」：補敍上文「共事的朋友」。

(2)「用來摩擦我的趣味」：補敍上文「共學的朋友」。

「共事的朋友」與「共學的朋友」並舉，但作者却側重在「共學的朋友」上；藉著「共學的朋友」，下文進一層舖敍「用來摩擦我的趣味」，是爲全段的主旨所在。

1. 相同嗜好：「我便和他搭夥研究。」

2. 不同嗜好：「祇要彼此都有研究精神……便不知不覺把彼此趣味都摩擦出來了。」

「得著一兩位這種朋友，便算人生大幸福之一」：收朋友一節。

「我想祇要你肯找，斷不會找不出來」收束本段文字。

「我說這四件事……但恐怕大多數人都不會這樣做」：綜合上述四段，將所說過的四條路徑作一整理，再次提醒同學注意。也許演講稿子太長，也許恐怕同學疏忽了；因此作者在文末歸納前文，加強重點，深刻文意。

「唉！世上人多麼可憐……竟自沒有幾個人肯來享受」：承上文「但恐怕大多數人都不會這樣做」句詳加鋪敍。由「不假外求」而「不會蝕本」，而「不會出毛病」，連作三層轉折，一層比一層深入。

「古書說的故事野人獻曝……諸君或者會欣然采納吧」：照應上文「凡趣味總要自己領略」，點出力行的重要。

「但我還有一句話……旁人却替你曬不來」：明示力行的重要，並總收全文。

批評

前部序言部分強調「凡趣味總要自己領略」、「如人飲水，冷暖自知」，點出「力行」的重要；後部方法部分勾出「無所爲」、「不息」、「深入的研究」、「找朋友」四條路徑，指引同學享受趣味；末了照應序言「凡趣味總要自己領略」，勉勵同學遵循四大路徑去嘗試趣味，仍然著墨在「力行」之上；文章首尾呼應，頗能圓合。

序言部分由生活的趣味而學問的趣味；從大範圍縮至一點，然後鋪敍四大途徑，是爲漸進法。方法部分由「無所爲」而「不息」，而「深入的研究」，而「找朋友」逐層遞進，娓娓道來，敍議很是清楚；末了以「我說這四件事，雖然像是老生常談，但恐怕大多數人都不會這樣做」歸納前文，不因文章太長而使同學輕忽遺忘了，用心可謂良苦。四條嘗試趣味的路徑，又可分爲兩組：

一、觀念：「無所爲」；只有抱著「無所爲而爲」的人，才能眞正領略個中的趣味。

二、力行：

㈠本身方面：

1.「不息」：培養習慣。

2.「深入的研究」：專精的研究，達到「欲罷不能」的地步。

「不息」與「深入的研究」，有層次的區分；即由培養習慣慢慢達到專精的研究，是循序漸進的。

㈡外鑠方面：「找朋友」；假藉朋友鞭策自己，補足本身力行中的疏怠，保持隨時精進的態度。

文章分析略表

學問之趣味

趣味

- 序言
  - 趣味的重要
    - 前提—「我是個主張趣味主義的人」
    - 舉例—「近來作何消遣」
    - 議論—「一年到頭不敢歇息」，「忙的是我的趣味」
    - —「這便是人生最合理的生活」
  - 趣味的定義
    - 正說—趣味是好的，不會生出相反的結果
    - 反說—以賭錢、吃酒、做官爲例，說明趣味二字
    - 議論—學問的本質，以趣味始，以趣味終
    - —合於趣味的條件
  - 趣味的感受
    - 概說—「凡趣味總要自己領略」
    - 引說—「如人飲水，冷暖自知」
    - 議論—除非自己親身體驗，否則不能得到眞趣
    - —自己品嚐趣味
  - —如何嘗得趣味
- 方法
  - 無所爲
    - 前提—「趣味主義最重要的條件是無所爲而爲」
    - 反說—「趣味眞發生時，必定要和所爲者脫離關係」
    - 落實—「爲學問而學問」、「爲我的趣味」
    - —「人類合理的生活本來如此」
  - 不息
    - 舉例—鴉片上癮、跑步、學問慾望
    - 落實—不論從事何種職業，應時時培養學問的胃口
    - —不可鬧成「學問胃弱」，剝奪應享的特權
  - 深入的研究
    - 前提—「趣味總是慢慢的來，越引越多」
    - 反說—「宗廟之美，百官之富」不能專心、深入，不會看到
    - 正說—「研究你所嗜好的學問」
    - —一層一層往裏追，必可「欲罷不能」
  - 找朋友
    - 前提—「趣味比方電，越摩擦越出」
    - 原因—恐怕自己有時會停擺
    - 作用—扶持職業、摩擦興趣
    - —只要肯找，必能找出此類朋友
  - —力行
- —親自力行，始得趣味

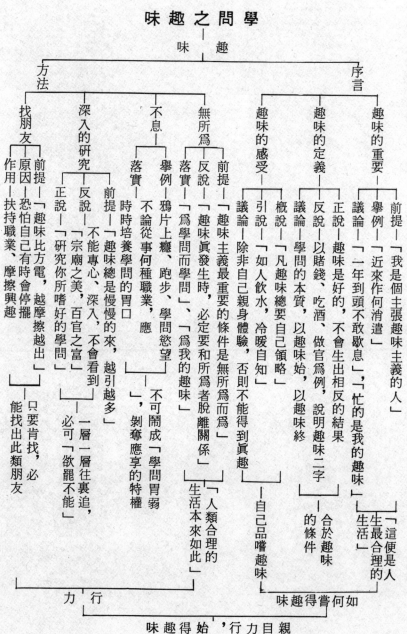

七　岳陽樓記

范仲淹

慶曆四年春，滕子京謫守巴陵郡。越明年，政通人和，百廢具興，乃重修岳陽樓，增其舊制，刻唐賢今人詩賦於其上；屬予作文以記之。

予觀夫巴陵勝狀，在洞庭一湖。銜遠山，呑長山，浩浩湯湯，横無際涯；朝暉夕陰，氣象萬千；此則岳陽樓之大觀也，前人之述備矣。然則北通巫峽，南極瀟湘，遷客騷人，多會於此，覽物之情，得無異乎？

若夫霪雨霏霏，連月不開；陰風怒號，濁浪排空；日星隱耀，山岳潛形；商旅不行，檣傾楫摧；薄暮冥冥，虎嘯猿啼；登斯樓也，則有去國懷鄉、憂讒畏譏、滿目蕭然、感極而悲者矣。

至若春和景明，波瀾不驚，上下天光，一碧萬頃；沙鷗翔集，錦鱗游泳，岸芷汀蘭，郁郁青青。而或長煙一空，皓月千里，浮光躍金，靜影沈璧，漁歌互答，此樂何極！登斯樓也，則有心曠神怡、寵辱偕忘、把酒臨風，其喜洋洋者矣。

嗟夫！予嘗求古仁人之心，或異二者之爲，何哉？不以物喜，不以己悲，居廟堂之高，則憂其民；處江湖之遠，則憂其君。是進亦憂，退亦憂；然則何時而樂耶？其必曰：「先天下之憂而憂，後天下之樂而樂」乎！噫！微斯人，吾誰與歸！時六年九月十五日。

——范文正公集——

分析

滕子京離君去國，貶謫巴陵郡，心中必然憤激不平。所以范仲淹寫此文時，一方面以「政通人和，百廢具興」，正是大有爲的時候來安慰他，紓解他心中的鬱悶；另一方面則以「不以物喜，不以己悲」勉勵他，勸他抛開被謫的心懷，竭盡心力在國事上；「居廟堂之高，則憂其民；處江湖之遠，則憂其君。」不應時時「憂讒畏譏」、戒愼恐懼；也不能「寵辱皆忘」、忽視了君國。范仲淹把他偉大的襟懷，很自然的流露在字裏行間。

岳陽樓在湖廣岳州府時，滕子京修樓，范仲淹作記，蘇子美繕書，邵竦篆額，號稱四絕。

本文以「滕子京謫守巴陵郡」的「謫」字爲線眼，縱橫全文；中間鋪敘景物，至文末才一筆揭出主意，頗有含蓄不盡的美。文分三大部分：

第一部分：序

一、重修岳陽樓的原因：

1. 滕子京貶謫巴陵郡：「慶曆四年春，滕子京謫守巴陵郡」：點出時間及線眼「謫」字，總啓全文，作爲文章的脈絡，貫串全文。

2. 政通人和：「越明年，政通人和，百廢具興，乃重修岳陽樓」：因爲政通人和，所以重修岳陽樓；作者於此褒美滕子京頗能因應局勢，適時作爲；應該本此精神，繼續效命君國，爲下文「先天下之憂而憂，後天下之樂而樂」埋下伏筆。

「增其舊制，刻唐賢今人詩賦於其上」：補敍上文；從岳陽樓內部敍重修的部分。

二、作記原因：「屬予作文以記之」：照應「刻唐賢今人詩賦於其上」的「今人」二字。

第二部分：敍。

一、總說岳陽樓的景觀，並以「覽物之情，得無異乎」開啓「雨悲」、「晴喜」兩段。

㈠敍述：

1. 總說：「予觀夫巴陵勝狀，在洞庭一湖」：筆法由大及小；把範圍大的巴陵勝狀，歸到洞庭湖一處，極寫洞庭湖景色的優美。此種筆法與「桂林山水甲天下，陽朔山水甲桂林」的層遞方法是相同的。

2. 分敍：具體的描寫。

⑴總說：「銜遠山，吞長江」：統括的視覺。只見遠處水面上，聳立著一座君山；向下游看，則有茫茫不盡的江水，滾滾向東流去。以「銜」、「吞」兩字作擬人化的形容，可使描寫更為生動、活潑，用字很靈活。

⑵分敍：

a 水上之景：「浩浩湯湯，橫無際涯」：水面遼濶，茫然一片，頗有「滄海一粟」的感覺；水流峻急，澎湃洶湧，頗有雄渾奇偉的意境。

b 陸上之景：「朝暉夕陰，氣象萬千」：蘇東坡於前赤壁賦中，有「蓋將自其變者而觀之，則天地曾不能以一瞬」；何況氣勢壯濶的洞庭湖，更有不同凡響的景緻時時變化著。

「此則岳陽樓之大觀也，前人之述備矣」：收上文。「前人之述備矣」照應「刻唐賢今人詩賦於其上」的「唐賢」二字。

(二)評論：

1.補敍上文：「然則北通巫峽，南極瀟湘」：照應「橫無際涯」，補敍湖域。

2.帶入人物：「遷客騷人，多會於此」：由上文純粹描寫景物，帶入人物，在章法上是爲「過峽」。作者以此句安慰滕子京，勸他不必暗自悲傷，遭遇相同的人，也大多會於此地。

3.開啓下文：「覽物之情，得無異乎」：承「遷客騷人」句而來；既承上文，又啓下文「雨悲」、「晴喜」兩段文字，把洞庭湖「氣象萬千」的景緻，以「晴日」、「陰雨」兩景代表，作具體而深刻的摩繪。

三、分敍岳陽樓的景觀，有「雨悲」、「晴喜」兩段：

(一)雨悲：

1.敍景：

(1)總說：「若夫霪雨霏霏，連月不開」：照應「氣象萬千」，敍「陰雨」的景色。

(2)分敍：具體的敍述：

a純粹描景：

(a)水中之景：「陰風怒號，濁浪排空」：以慘澹的色彩，塗出濃重的憂鬱，爲下文「憂讒畏譏」作伏筆。

(b)陸上之景：「日星隱曜，山岳潛形」：只見「日星」、「山岳」、都被灰濛濛的色彩掩蔽了，縱眼望去，盡是淒涼。

b帶入人物：由純粹的描景，回到主觀的人物。

(a)影響於人者：「商旅不行，檣傾楫摧」：極寫天氣的惡劣，及氣氛的淒厲。

(b)影響於動物者：「薄暮冥冥，虎嘯猿啼」：就人的感受，進一層補敘氣氛的淒厲；不但人如此，連動物也感動了。

2.議論：

「登斯樓也」：由景物的觀賞，回到作者身上。

「則有去國懷鄉，憂讒畏譏、滿目蕭然、感極而悲者矣」：

a行文由遠而近；因爲「去國懷鄉」，所以「憂讒畏譏」；因爲「憂讒畏譏」，所以此刻覽景，「滿目蕭然」、「感極而悲者矣」。文章頗有層遞漸進的美。

b遷客騷人，多愁善感，投訴無門；因此在情到最深處時，只好以淚水澆灌塊壘了。

(二)晴喜：

1.敍景：

(1)總說：「至若春和景明，波瀾不驚」：照應「氣象萬千」，敍「晴日」的景色。

(2)分敍：具體的敍述：

I春晝景色：

a水中之景：「上下天光，一碧萬頃」、「錦鱗游泳」：湖面仍然遼濶，可是已從上段的雄偉變成明媚，淒厲化作祥和。魚兒也優閒自在的游著，極寫天地人世氣氛的和諧。

b陸上之景：「沙鷗翔集」、「岸芷汀蘭，郁郁青青」：沙鷗成群的飛翔著，呈現出一片和平、寧謐的氣息；岸邊的花草，也正欣欣向榮著；大地到處展露生機，與上述景色迥異。

此節在描寫上，有兩大特色：

1. 春晝景物，就整體而言，可分三層：

(1)總說：「上下天光，一碧萬頃。」

(2)分敘：

a 動態：「沙鷗翔集，錦鱗游泳。」

b 靜態：「岸芷汀蘭，郁郁青青。」

2. 就視覺上看：

(1)仰觀：「上下天光，一碧萬頃。」

(2)遠眺：「沙鷗翔集。」

(3)近覽：「岸芷汀蘭，郁郁青青。」

(4)俯視：「錦鱗游泳。」

II 秋夜景色：就視覺、聽覺及天上、水中、水上之景，作具體的描述。

a 視覺：

(a)仰觀：「而或長煙一空，皓月千里」：敘天上之景；萬里無雲，月光傾瀉，大地一片寧靜。

(b)俯視：「浮光躍金，靜影沈璧」：敘水中之景；「躍」、「沈」，移情作用；將人的感情移注物上，表現出靈巧的意境，可謂善於用字。

b 聽覺：「漁歌互答」：在靜態中加入動態，在描寫上有三大特點：

(a)在萬籟俱寂時，加入一些聲音，可使原來的寧靜更爲悄然；這是「反襯」的作用。

(b)在行文裏，可使只具形式之美的文字，加入一些聲響的音樂之美，使文章的氣氛更為悠閒。

(c).在「漁歌互答」一句上，頗有白賁「儂家鸚鵡洲邊住，是箇不識字漁父。浪花中一葉扁舟，睡煞江南煙雨」的境界；悠然自得，與世無爭，陶然而忘機。

「此樂何極」：收「晴喜」一段，並安慰滕子京處此佳境，應該敞放心胸，覽景自然。

本段所用的色彩，率多鮮豔亮麗，與「雨悲」一段的灰黯淒厲有別。

2.議論：

「登斯樓也」：由景物的觀賞，回到作者身上。

「則有心曠神怡、寵辱皆忘，把酒臨風，其喜洋洋者矣」：行文由外而內；從景物觀賞的「心曠神怡」，而影響內心的「寵辱皆忘」，而身處樓上的「把酒臨風」，頗有層次；最後才以「其喜洋洋者矣」收筆，結束全文。

第三部分：議。

一、收束上文：

「嗟夫！予嘗求古仁人之心，或異二者之為，何哉」：設問；是為文章的「過峽」。以反詰語氣設問，引起讀者的思考；以疑筆開啓文端，照應「雨悲」、「晴喜」兩段，並點出全篇文字的主意所在。

1.收第四段文字：「不以物喜」

2.收第三段文字：「不以己悲。」

「不以物喜，不以己悲」句，承上文「古仁人之心」、「異二者之為」，作具體的條述，為下文「

「先天下之憂而憂，後天下之樂而樂」預作張本；並暗示滕子京不應「憂讒畏譏」、「寵辱皆忘」。下文又作兩層補敍：

(1)居廟堂之高，則憂其民；處江湖之遠，則憂其君」：「不以物喜，不以己悲」只是綱領，所以此節寫出應有的態度與做法。

(2)「是進亦憂，退亦憂」：補敍「不以物喜，不以己悲」，收束「嗟乎」以下文字，並爲下文預作張本。勉勵滕君雖然被謫，仍應健全觀念，爲國效命。

二、提出主意：

1. 設問：「然則何時而樂耶」：設問；可爲下文的回答部分蓄勢，並引發讀者的思考與注意。

2. 主意：「先天下之憂而憂，後天下之樂而樂」：總結全文，點出作者的人生觀，暗示滕君處世的態度。

三、文章餘波：

「噫！微斯人，吾誰與歸」：行文至「先天下之憂而憂，後天下之樂而樂」，語氣已經完足，文意也能詳盡；但作者在此贅上一筆，可使文氣低廻宕漾，文意含蓄雋永，令人嚼味、深省不已。

四、作記時間：「時六年九月十五日。」

批　評

「屬予作文以記之」；此記似乎是爲了岳陽樓而作，但實際上却是寫給滕子京的；滕君謫守岳州，離君去國，不免有所感慨。所以范氏在文中以暗示的方式安慰他，宣洩他的情感；如「晴喜」一段即是。作者又進而勉勵他，提出「先天下之憂而憂，後天下之樂而樂」的處世態度，勸他不宜終日「憂讒畏譏」，自尋愁苦；仍應時時惦記君國，以人民之事爲重。

本文在舖敍上，有數種特點：

一、就結構說：全文以「謫」字爲線眼，開啓全文，所以文中時時照應「謫」字。如二段的「遷客騷人」，三段的「去國懷鄉，憂讒畏譏」，四段的「寵辱皆忘」，末段的「先天下之憂而憂，後天下之樂而樂」等是。

二、就佈局說：全文分成三大部分：序言，寫作記之由；敍景，含總說及分敍兩者；分敍中又分「雨悲」、「晴喜」兩段；議論，點出主意。以「覽物之情，得無異乎」開啓「雨悲」、「晴喜」兩段；以「不以物喜，不以己悲」收束兩段；以「先天下之憂而憂，後天下之樂而樂」收束全文；文章佈局嚴謹，頗有首尾圓合之趣。

三、就行文說：章法緜密，交互織串，可謂無懈可擊。如：總說之中仍有總說，分敍之中仍有分敍；如敍景上：總說洞庭一湖，分敍「晴喜」、「雨悲」兩段；在總說中仍有「若夫霪雨霏霏」的總說；下文在分敍具體的描寫上，又有「銜遠山」，吞長江」的總說，然後再行分敍水上、陸上之景，最後才以「此則岳陽樓之大觀也，前人之述備矣」收束。至於「晴喜」、「雨悲」兩段舖敍，也大都如此；章法頗爲緜密。

四、就技巧說：於敍景中，寄寓情感，合乎「融情於景」的原則。如二段泛敍洞庭景色，末有「遷客騷人，多會於此，覽物之情，得無異乎」的感慨。三段描寫「陰雨」景色，末有「登斯樓也，則有去國懷鄉，憂讒畏譏，滿目蕭然，感極而悲者矣」的感慨，四段描寫「晴日」景色，末有「登斯樓也，則有心曠神怡，寵辱皆忘，把酒臨風，其喜洋洋者矣」的感慨等是。

五、就鋪敍說：兼具整齊及錯落的美。如：

三、四兩段，均由「覽物之情，得無異乎」句開啓；所以作者在鋪敍時，採取對稱的方式描述，先寫客觀的景色，後引人事加以評論；文章很是整齊。但在整齊中却又加以變化；如三段只寫一景；四段則就春晝、秋夜鋪寫兩景；使文章也具錯落的美。

六、就內容說：文心雕龍情采篇上云：「立文之道，其理有三：一曰形文，五色是也；二曰聲文，五音是也；三曰情文，五性是也。」把文章分成三類，卽形文、聲文、情文。本文在短短的篇幅中，同時具有這三種性質的美；如「晴喜」一段的秋夜景色：

1. 形文：就視覺上說，有仰觀「而或長煙一空，皓月千里」的天上之景；有俯視「浮光耀金，靜影沈璧」的水中之景。

2. 聲文：就聽覺上說，有「漁歌互答」的動態音響。

3. 情文：就感受說，有「心曠神怡，寵辱皆忘」的胸懷。

七、就色彩說：以色彩襯托意境，增加文章的氣氛。如：

「雨悲」一段所用的色彩黯淡灰濛，吻合「憂讒畏譏，滿目蕭然」的意境；「晴喜」一段所用的色彩鮮艷亮麗，吻合「心曠神怡，寵辱皆忘」的意境。

八、就造句說：本文於散形句子中，時常加入駢儷的句型，使文章氣勢更爲暢盛，如：「檣傾楫摧，虎嘯猿啼」是爲當句對；「沙鷗翔集，錦鱗游泳」是爲正對；「浮光躍金，靜影沈璧」是爲單句對；「先天下之憂而憂，後天下之樂而樂」是爲反對等是。

九、就整體說：全文由序言引入敍景，是爲夾敍夾議部分；再引入主意所在，是爲純粹議論部分，文章頗有層次。

本文就章法說，緜密而有條理，就文意說，的當而且深入，誠屬文學中的上品。

十、附錄：「刻唐賢今人詩賦於其上」的「唐賢」作品有：

1. 杜甫：登岳陽樓詩：

「昔聞洞庭水，今上岳陽樓。吳楚東南坼，乾坤日夜浮。親朋無一字，老病有孤舟。戎馬關山北，馬軒涕泗流。」

2. 孟浩然：洞庭湖贈張丞相：

「八月湖水平，含虛混太清。氣蒸雲夢澤，波撼岳陽城。欲渡無舟楫，端居恥聖明。坐觀垂釣者，徒有羨魚情。」

文章分析略表

岳陽樓記

議

- 序
  - 重修岳陽樓原因
  - 作記原因
  - →「屬予作文以記之」
- 敘
  - 總說
    - 敘
      - 總說 —「巴陵勝狀，在洞庭一湖」
      - 分述
        - 總說 —「銜遠山，吞長江」
        - 分述 — 水上、陸上之景
      - →「此則岳陽樓之大觀也」
    - 議 —「遷客騷人，多會於此」
    - →「覽物之情，得無異乎」
  - 分敘
    - 雨悲
      - 敘
        - 總說 —「霪雨霏霏」
        - 分述 — 水中、陸上之景
          - 「商旅不行」、「虎嘯猿啼」
      - 議 —「去國懷鄉，憂讒畏譏」
      - →「感極而悲者」
      - →「不以己悲」
    - 晴喜
      - 敘
        - 總說 —「春和景明」
        - 分述
          - 春晝之景
          - 秋夜之景
          - →「何極」
        - →「此樂」
      - 議 —「心曠神怡，寵辱皆忘」
      - →「其喜洋洋者矣」
      - →「不以物喜」
    - →「是進亦憂，退亦憂」（議）
- 餘波
  - 感慨 —「噫！微斯人，吾誰與歸」
  - 作記時間 —「時六年九月十五日」

→「先天下之憂而憂，後天下之樂而樂」

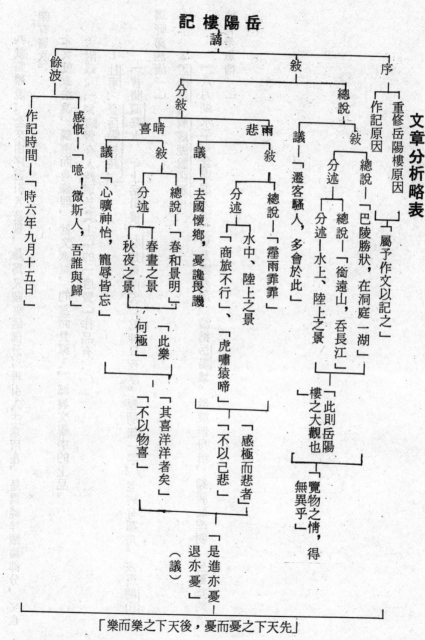

八 教戰守策

蘇軾

夫當今生民之患，果安在哉？在於知安而不知危，能逸而不能勞。此其患不見於今，而將見於他日。今不爲之計，其後將有所不可救者。

昔者先王知兵之不可去也，是故天下雖平，不敢忘戰。秋冬之隙，致民田獵以講武，教之以進退坐作之方，使其耳目習於鐘鼓旌旗之間而不亂，使其心志安於斬刈殺伐之際而不懾。是以雖有盜賊之變，而民不至於驚潰。

及至後世，用迂儒之議，以去兵爲王者之盛節。天下既定，則卷甲而藏之。數十年之後，甲兵頓敝，而人民日以安於佚樂；卒有盜賊之警，則相與恐懼訛言，不戰而走。開元、天寶之際，天下豈不大治？惟其民安於太平之樂，酣豢於遊戲酒食之間；其剛心勇氣，銷耗鈍眊，痿蹶而不復振。是以區區之祿山一出而乘之，四方之民，獸奔鳥竄，乞爲囚虜之不暇。天下分裂，而唐室因以微矣。

蓋嘗試論之：天下之勢，譬如一身。王公貴人所以養其身者，豈不至哉？而其平居常苦於多疾。至於農夫小民，終歲勤苦，而未嘗告病，此其故何也？夫風雨霜露寒暑之變，疾之所由生也。農夫小民，盛夏力作，窮冬暴露，其筋骸之所衝犯，肌膚之所浸漬輕霜露而狎風雨，是故寒暑不能爲之毒。今王公貴人，處於重屋之下，出則乘輿，風則襲裘，雨則御蓋。凡所以慮患之具，莫不備至。畏之太甚，而養之太過，小不如意，則寒暑入之矣。是以善養身者，使之能逸能勞；步趨動作，使其四體狃於寒暑之變；然後可以剛健强力，涉險而不傷，夫民亦然。

今者治平之日久，天下之人，驕惰脆弱，如婦人孺子，不出於閨門。論戰鬥之事，則縮頸而股慄，聞盜賊之名，則掩耳而不願聽。而士大夫亦未嘗言兵，以爲生事擾民，漸不可長。此不亦畏之太甚，而養之太過歟？

且夫天下固有意外之患也。愚者見四方之無事，則以爲變故無自而有，此亦不然矣。今國家所以奉西北二虜者，歲以百萬計。奉之者有限，而求之者無厭，此其勢必至於戰。戰者必然之勢也，不先於我，則先於彼；不出於西，則出於北。所不可知者，有遲速遠近，而要以不能免也。

天下苟不免於用兵，而用之不以漸，使民於安樂無事之中，一旦出身而蹈死地，則其爲患必有所不測。故曰：天下之民，知安而不知危，能逸而不能勞，此臣所謂大患也。

臣欲使士大夫尊尚武勇，講習兵法；庶人之在官者，教以行陣之節；役民之司盜者，授以擊刺之術；每歲終則聚於郡府；如古都試之法，有勝負，有賞罰，而行之既久，則又以軍法從事。然議者必以爲無故而動民，又撓以軍法，則民將不安；而臣以爲此所以安民也。天下果未能去兵，則其一旦將以不教之民而驅之戰。夫無故而動民，雖有小怨，然孰與夫一旦之危哉？

今天下屯聚之兵，驕豪而多怨，陵壓百姓，而邀其上者，何故？此其心，以爲天下之知戰者，惟我而已。如使平民皆習於兵，彼知有所敵，則固以破其奸謀，而折其驕氣。利害之際，豈不亦甚明歟？

——東坡全集——

分析

「天下之事，常發於至微，而終爲大患」；太平盛世，人多酣豢遊戲於酒食之間；以爲四方無敵，境內沒事，還有何憂足慮；因此一旦變故發生，大勢即已不可收拾；誠可深思！

「居安思危」，是爲本文線眼；「知安而不知危，能逸而不能勞」，正是吾人最大的缺點；所以孟子認爲國家「入則無法家拂士，出則無敵國外患者，國恆亡」；個人「人恆過，然後能改；困於心，衡於慮，而後作；徵於色，發於聲，而後喻」；必須時時防患未然，才能臨事鎮靜從容、應付得宜。君子得有「憂以天下，樂以天下」的心懷，才能自立立人，自達達人，就是這個道理。文分三部：

前部：議論

一、前提：全文總綱。

㈠設問：「夫當今生民之患，果安在哉」：以反詰語氣逼問讀者，引起讀者思考，加強下文總綱的分量。從反面——「生民之患」起筆，可收震撼人心的效果；氣勢凌厲。

㈡立論：「在於知安而不知危，能逸而不能勞」：暗點「居安思危」，是為全文總綱，下文皆旋此一主題申論。

㈢影響：補敘立論：進一層說理。

1. 就理論說：「此其患不見於今，而將見於他日」：反說。

2. 就事實說：「今不為之計，其後將有不可救者」：正說。

「此其患不見於今」，暗點「居安」；「今不為之計」，明示「思危」。「而將見於他日」、「其後將有所不可救者」上應「生民之患」。全段氣勢澎湃、一瀉千里，如同「黃河之水天上來」一般，頗能突顯蘇軾為文的特色。

二、引證：

㈠歷史：

1. 先王：正說「居安思危」。

(1) 立論：「昔者先王知兵之不可去也」：以先王勸諫君上。

「是故天下雖平，不敢忘戰」：補敘「知兵之不可去也」。

(2) 方法：

a. 時間：「秋冬之隙」：不敢耽誤農事，「使民以時」，所以選擇秋冬之隙。

b. 方式：「致民田獵以講武」：照應線眼「居安思危」。

(3) 內容：「教之以進退坐作之方」：軍事基本動作，上應「居安思危」。

(4)目的：

a．臨事不懼：「使其耳目習於鐘鼓旌旗之間而不亂」：以「耳目」表「身體」；意指從容應戰，聽從指揮。指守備方面。「鐘鼓」，指揮前進；「旌旗」，指揮方向。

b．奮勇殺敵：「使其心志安於斬刈殺伐之際而不懾」：殺敵不懾，義無反顧。指攻擊方面。「是以雖有盜賊之變，而民不至於驚潰」：收束全段文字。

2.後世：反說「居安思危」；與上段對舉。「後世」，係指唐朝。

(1)原因：「用迂儒之議，以去兵爲王者之盛節」：「世異則事異，事異則備變」；迂儒不能通達事理，所以「以去兵爲王者之盛節」。與上文「先王知兵之不可去也」對舉。

(2)方法：「天下既定，則卷甲而藏之」：承「迂儒之議」而來，與上文「是故天下雖平，不敢忘戰」對舉。

(3)影響：

a。「甲兵頓敝。」

b．「人民日以安於佚樂」：與上文「致民田獵以講武」對舉。「卒有盜賊之警，則相與恐懼訛言，不戰而走」：收束影響一節；與上文「是以雖有盜賊之變，而民不至於驚潰」對舉。

(4)舉例：

a．設問：「開元、天寶之際，天下豈不大治」：以「大治」極寫盛世，跌宕下文「祿山一出而乘之」的伏筆。揚筆。

b·居安：「惟其民安於太平之樂，酣豢於遊戲酒食之間」：點出居安而不能思危，反襯文意。

c·影響：「其剛心勇氣，銷耗鈍眊，痿蹶而不復振」：形容「剛心勇氣」的消失，連用數詞加強，可見作者深沈的感慨與痛心。

d。結果：

(a)·就國家言：「是以區區之祿山一出而乘之」：「區區」、「一出而乘之」對舉，極寫輕易。

(b)·就人民言：「四方之民，獸奔鳥竄，乞爲囚虜之不暇」：與上文「使其耳目習於鐘鼓旌旗之間而不亂，使其心志安於斬刈殺伐之際而不懾」對舉。抑筆。

「天下分裂，而唐室因以微矣」：收束全段文字。

二、三兩段以對舉的方式，一正一反，相互照應，闡說「居安思危」的重要。

(二)人體：「天下之勢，譬如人身」：以人身爲喻，下文分正、反兩面說理。

1.養身方法：以對比方式說理。概說。

(1)王公貴人：反說。

a。養身：「養其身者，豈不至哉」：明示「居安」。

b·結果：「而其平居常苦於多疾」：暗點不能「思危」。

(2)農夫小民：正說。

a·養身：「終歲勤苦」：暗點「思危」，時時磨練身體。

b．結果：「而未嘗告病」：明示「居安」

2.原因：「此其故何也」：設問。

(1)立論：「夫風雨霜露寒暑之變，疾之所由生也」：泛說客觀環境。

(2)落實：分敘王公貴人與農夫小民養身之法；詳敘。以對比方式說理。主觀人爲。

a。農夫小民：正說。

(a)。養身：「盛夏力作，窮冬暴露」：夏、冬涵蓋四季，終歲辛勤工作；「思危」。

(b)。結果：「其筋骨之所衝犯，肌膚之所浸漬，輕霜露而狎風雨，是故寒暑不能爲之毒」不斷接受磨練，身體自然習於環境。「居安」。

詳敘「終歲勤苦，而未嘗告病。」

b。王公貴人：反說。

(a)．養身：「居安」。

居家：「處於重屋之下。」

出外：「出則乘輿，風則襲裘，雨則御蓋。」

「凡所以慮患之具，莫不備至」：收養身一節。

(b)．結果：「畏之太甚，而養之太過，小不如意，則寒暑入之矣」：未能「思危」。

詳敘「王公貴人所以養其身者，豈不至哉？而其平居常苦於多疾。」

3.批評：

(1)立論：「是以善養身者，使之能逸能勞」：歸納前文，照應「居安思危」。

(2)方法：「步趨動作，使其四體狃於寒暑之變」：再點「居安思危」，承上句進一層說理。

(3)結果：「然後可以剛健強力，涉險而不傷」：收束本段文字。

「夫民亦然」：收束引證三段的文字。

本段在描寫上，有四大特色：

1. 以王公貴人與農夫小民並舉，但作者却側重在農夫小民上，所以末了說「步趨動作，使其四體狃於寒暑之變」，照應「居安思危」。

2. 以「居安」、「思危」反覆說理，但作者却側重在「思危」上；以結果論證「思危」的重要。

3. 先概說，後詳敍。「王公貴人所以養其身者，豈不至哉？而其平居常苦於多疾」、「農夫小民，終歲勤苦，而未嘗告病」概說，下文再行詳敍；先籠統勾出輪廓，再行描繪細節，可以使人體會得更深，意象更爲鮮明。

4. 人體一節，說明原因時，先敍客觀環境——「夫風雨霜露寒暑之變，疾之所由生也」，人人相同；下文再行分述主觀人爲——王公貴人與農夫小民的適應方式；寓含環境相同，是否患有疾病，緣於個人的「居安」與「思危」；關鍵仍在人上。

三、落實：就宋朝當時情勢而言。

二、三、四段引證說理部分，就全文而言，是爲插敍；本段可直接上承首段，文意、文氣皆相銜接。

㈠內憂：

1. 背景：「今者治平之日久」：就國家而言。客觀。

2. 情形：「天下之人，驕惰脆弱」：就人民而言。主觀。

「如婦人孺子，不出於閨門」：補敘上句，具體說明「驕惰脆弱」的情形。

3. 影響：

(1) 就人民說：

a. 「論戰鬥之事」：「則縮頸而股慄」。

b. 「聞盜賊之名」：「則掩耳而不願聽」。

(2) 就朝廷說：「而士大夫亦未嘗言兵，以爲生事擾民，漸不可長」：以士大夫表朝廷措施，部分涵蓋全體。照應上文「用迂儒之議」；暗點士大夫爲「迂儒」，不能明澈事理。

「此不亦畏之太甚，而養之太過歟」：收束本段文字；以反詰語氣，抒陳心中的沈痛，突顯作者的忠心。

本文在敍議上，以國家與人民交綜舖陳，強調「居安思危」的重要。

(二) 外患：

1. 立論：「且夫天下固有意外之患也」：「且夫」二字，承上文而來；「固」字，暗點「居安思危」。

「愚者見四方之無事，則以爲變故無自而有」：照應上文「迂儒」、「士大夫」兩者。

「此亦不然矣」：作者的批評。

2. 落實：分析當時局勢。

(1) 局勢：「今國家所以奉西北二虜者，歲以百萬計」：暗點「思危」。就客觀言。

(2) 情形：「奉之者有限，而求之者無厭」：暗點「思危」，就主觀言。

(3)結果：「此其勢必至於戰」：作者的推論，收束落實一節。

「戰者必然之勢也」：補敍上句，下文補述「必」字：

(1)就先後言：「不先於我，則先於彼。」

(2)就方位言：「不出於西，則出於北。」

「所不可知者，有遲速遠近」：收「戰者必然之勢也」一節。

「而要以不能免也」：收束本段文字。

中部：方法；是爲全文旨意所在。

一、大患：

㈠立論：「天下苟不免於用兵」：就理論說。

㈡落實：「而用之不以漸，使民於安樂無事之中」：暗點「居安思危」；反說。

㈢結果：「一旦出身而蹈死地，則其爲患必有所不測」：反說；以不能「思危」的後果反襯主題。

「故曰：天下之民，知安而不知危，能逸而不能勞，此臣所謂大患也」：照應文端「夫當今生民之患，果安在哉？在於知安而不知危，能逸而不能勞。」

欲提方法，先將前文議論整理，使讀者一目瞭然。從文端起筆，作者即縱論暢談；雖以「居安思危」爲主題，伏脈文中；但由於敍說的範圍太廣，作者恐怕讀者迷失在字裏行間、無法明辨主意，所以在提出方法之前，再行點出主題，使意象顯得鮮明。

二、方法：全文重點所在：

㈠士大夫：「尊尚武勇，講習兵法。」

㈡庶人之在官者：「教以行陣之節。」

㈢役民之司盜者：「授以擊刺之術。」

教戰守策一文，只提三則方法，是爲作者寫作本文的動機所在；其餘文字，可以視爲序言部分。

三、考察：承方法而來。

㈠時間：「每歲終」：每年考察一次。

㈡地點：「聚於郡府」：以郡爲單位。

㈢舉例：「如古都試之法」：漢制：每年秋後舉行軍中校閱，藉以考校武藝，以修武備，叫做都試。以衆人知曉的「都試之法」，具體說明作者提出的方法，使人易於理會。

㈣賞罰：「有勝負，有賞罰」：以勝負定其賞罰。

「而行之既久，則又以軍法從事」：收束方法一節。

四、餘波：本段文字至賞罰部分，語氣已經完足，文章可以結束了；但作者深感「居安思危」的重要，所以又就首節大患詳加議論。

㈠立案：「然議者必以爲無故而動民，又撓以軍法，則民將不安」：就一般情形立案，作爲下文翻案的根據。

㈡翻案：「而臣以爲此所以安民也」：概括提出意見，破除一般說法後卽行頓住，蓄積文勢，引發讀者的注意，容下文再行詳說。

1.反說：「天下果未能去兵，則其一旦將以不敎之民而驅之戰」：破「然議者以爲無故而動民」句。

2. 反詰：「夫無故而動民，雖有小怨，然孰與夫一旦之危哉」：破「則民將不安」。

後部：餘波，敍作者心中未盡之意。

一、士兵驕豪：

㈠情形：「今天下屯聚之兵，驕豪而多怨，陵壓百姓，而邀其上者」：欺下邀上，積弊已深。

㈡原因：「此其心，以爲天下之知戰者，惟我而已」：仗恃知戰，要脅坐大。

二、解決方法：「如使平民皆習於兵，彼知有所敵，則固以破其奸謀，而折其驕氣」：破「士兵驕豪」一節。

「豈不亦甚明歟」：收束本段文字。

作者雖然縱論「居安思危」，但於方法提出之後，仍嫌未足；於是補上此段，說明未盡之意，並帶敍「教戰守」三種方法的另一額外收穫。

批評

本文以「居安思危」爲線眼，文中反覆申說，意象很是鮮明。多方設想，因此意境寬濶；確有卓見，所以文意深刻。反覆論說，雖然稍嫌繁瑣，但因行文氣勢暢盛，也能去除這個缺點。蘇軾自評其文云：「吾文如萬斛泉源，不擇地而皆可出；但常行於所當行，常止於所不可不止。」從本文看，的確如此。

文分三部，前部議論，暢說「居安思危」的重要，所佔篇幅很多。中部方法，作者提出三大方法，以供宋君參考，是爲全文主旨所在，也是作者寫作本文的動機。後部餘波，補敍文中未盡之處。就章法言，本文重點在於三大方法上，似應詳加舖敍議論；但作者却只提綱領，隨卽頓住不言；前部議論，只能視爲文章的序言，作者却大爲發揮；文章似有本末倒置、喧賓奪主的缺點。但因氣勢暢達，所以全文仍能不著痕跡，一氣呵成。

五段直承首段，文氣、文意都相銜接：二、三、四段只是舉例，引證首段前提「居安思危」的重要；末段文章餘波，補足未完語意，氣勢已弱。從全文結構看，本文仍不失爲層次相銜的文章。尤以用語肯定，不容稍微轉圜，頗有只要如此做去，必能成功的氣勢；易於使人建立信心，而持循做去；極具影響力。

二、三、四段引證部分的議說方式，大多雷同：

一、以對比方式說理：二、三兩段，以先王、後世對比，四段以王公貴人、農夫小民對比，突顯主題。

二、以正、反方式說理：二段「兵不可去」、三段「去兵爲王者盛節」、四段「平居常苦於多疾」、「未嘗告病」等是。

三、以強烈方式說理：爲了加強分量，作者每每運用強烈的字眼、語句議論，直逼讀者胸口。

文章分析略表

教戰守策

居安思危

- 議論
  - 前提
    - 立論—「知安而不知危，能逸而不能勞」
    - 影響—「患不見於今，而將見於他日」
    - —「生民之患」
  - 引證
    - 歷史
      - 先王（正說）
        - 立論：「先王知兵之不可去也」
        - 方法—「致民田獵以講武」
        - —雖有盜賊，民不驚潰
      - 後世（反說）
        - 原因—用迂儒之議去兵
        - 影響—甲兵頓敝，人民佚樂
        - —卒有盜警，相與訛言
    - 人體
      - 養身—王公「豈不至哉」，農人「終歲勤苦」
        - —「然後可以剛健強力，涉險而不傷」
      - 批評—「善養身者，使之能逸能勞」
    - —「夫民亦然」
  - 落實
    - 內憂
      - 情形—天下治平，人多驕惰
      - 影響—人民害怕戰爭，大夫不願擾民
      - —「此不亦畏之太甚，而養之太過歟」
    - 外患
      - 立論—「天下固有意外之患」
      - 落實—國家奉虜，歲以百萬計
      - —戰事必不能免
  - —「此所以安民也」
- 方法
  - 大患—天下不免於用兵
  - 方法
    - 士大夫—「尊尚武勇，講習兵法」
    - 庶人之在官者—「教以行陣之節」
    - 役民之司盜者—「授以擊刺之術」
    - —「如古都試之法」
  - 考察—「每歲終聚於郡府」
  - 餘波—並非擾民，正所以安民也
  - —「行之既久，則又以軍法從事」
- 餘波—今士兵驕豪，宜使平民習兵，破其奸謀

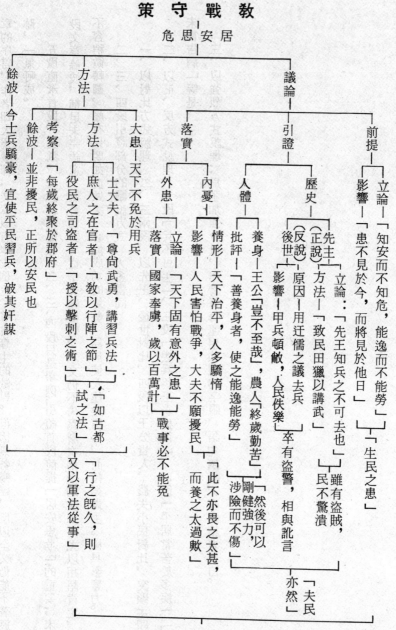

九　盧溝橋的獅子

謝冰瑩

盧溝橋，中國抗戰的開始地，是多麼響亮而神聖的名詞！不但在中國連初小一年級的學生都知道它，即在國外也無人不曉。它在我腦子裏留下了最深刻的印像，我願將這些印像介紹給沒有到過盧溝橋而嚮往盧溝橋的人。

盧溝橋在北平廣安門外的西南二十餘里。車子出了廣安門，就是一片廣漠的田野，沿著公路，有一條清澈可愛的溪流，溪邊種著一排楊柳，溪水裏游泳著一羣小鴨。那些彎彎曲曲的小溪，如果稍微寬一點，水上再浮著幾隻小畫艇，簡直像揚州的瘦西湖。

車子飛快地朝向西南的方向走去，不到十分鐘便進了宛平縣。在抗戰的血史上，這也是個最可紀念的地方，當敵人用大礮轟擊宛平時，不知犧牲了多少戰士和民衆。這裏非常蕭條，因爲縣政府已移至長辛店去了。四十幾間破舊不堪的鋪面，裏面空空洞洞，使人感到一種戰後的淒涼。在這裏僅僅停了半小時，又繼續前進，司機開足了馬力，不到一刻鐘，便到了舉世聞名的盧溝橋。

這是我國的偉大工程，也是燕京八大景之一。不但在中國，就是在世界也是有名的大石橋。橋長二百四十步，下分十一個大洞，兩旁各有一百四十二根石欄雕柱，每一根石柱上，蹲著一個大石獅子，大獅子的身上，有的背着三個小獅，有的前脚抱一個，胸前伏一個，脚底下踩一個。每個獅子的形態或仰或臥，或笑或怒，都各自不同，維妙維肖。到了這裏，你不能不佩服我國古時藝術的精巧、細緻、偉大！許多人都說盧溝橋的獅子數不清，我下了決心一定要把它數清，於是和海瀾相約，每人數一邊，而且用筆在紙上標明大獅子若干，小獅子若干，最後把我們兩人所數的加起來大小共三百三十二個。我負責數左邊，大獅子一百四十二個，小獅子六十六個，問起海瀾是否沒有數錯，她說：「看得見的小獅子都數上了，但沒有弄清楚大獅子多少個，小獅子多少個。」

「那麼，還有大獅子背上的小獅子呢？」

「呵！沒有，沒有，我簡直不知道牠的背上還有小獅子呢！」她急得直跺脚，我也承認沒有數正確，因爲年代太久，又經過不少人的撫摸，和風霜雨雪的摧殘，所以都有些模糊不清了。我也數掉了背上的小獅，究竟有多少個呢？連我也回答不出來。

橋的兩端，都有一個大石獅，一個大烏龜馱著一塊石碑，上面刻著修建盧溝橋的年代及歷史。還有四根石柱，上面雕刻著四條龍，裏面有一塊大碑，刻著乾隆皇帝的御筆「盧溝曉月」四個優美而富有詩意的字。這橋創建於金世宗大定二十九年，落成於章宗明昌三年。在平漢鐵路沒有修築以前，這裏是出入京門的要道，後來平漢路通了，就冷落起來。直到民國二十六年的七月七日，敵人在盧溝橋畔的拱極城放了第一槍後，於是盧溝橋的名字，從此震撼了整個的世界。由它而引起的神聖抗戰，在我國的革命史上寫下了最光榮的一頁。盧溝橋的光輝，如同日月一般燦爛。

我靜靜地站在橋頭，俯視著橋下的流水，是這樣黃濁而帶深紅色，因爲有高坡的緣故，水流得特別急，也特別大。這紅水似乎象徵著戰士們的鮮血，那咆哮的急流聲，象徵著當年戰士們衝鋒殺敵的吶喊，那滾滾的浪濤，是這樣一個挨一個地流著，那漩渦，也像有機器在引導著似的迅速地旋轉著，波濤與漩渦在互相的搏鬥，互相地衝擊。越看得久，越覺得緊張。我連忙走上橋去。

也許因爲年代太久的緣故吧？橋上鋪著的木板，只要遇到有汽車或騾車走過，馬上便搖擺起來。橋上的獅子有好幾個被子彈打壞了的，都換上了新的。再過去，有一條小石橋，司機就在這裏等待我們去長辛店。

我一個人故意走在最後，慢慢地走，心裏想著二十六年的「七七」，這橋上該是多麼悲壯！不知有多少戰士在這裏倒下了，屍體滾在河裏，鮮血染紅了河流。如今我們從這裏踏過，有幾個人曾想到我們的足跡會踏著戰士們當日的血跡？有幾個人會懺悔抗戰以來他做了昧天良、喪心害理、對不起已死烈士的事？

盧溝橋，這響亮而神聖的名詞，它永遠地烙印在我的心裏，永遠地烙印在每個中華兒女的心裏。

——冰瑩遊記——

分析

盧溝橋，在河北省宛平縣盧溝河上，金大定二十九年始建，長六百六十公尺。橋上鐫有石獅子大小無數；每當清晨殘月時，微波蕩漾，誘人遐思，風景絕佳；清高宗曾親題「盧溝曉月」，勒石橋前，以記其勝。

民國二十六年七月七日，日軍假藉演習，砲擊宛平，揭開我國全面抗戰的序幕，是爲「七七」事變；從此盧溝橋成爲莊嚴而神聖的名詞。

描寫景物，就其特殊處多方舖敍即可，不必面面俱到。記述盧溝橋，用力著墨在獅子之上；「獅子」二字，是爲全文的線眼所在。文分兩層：

前部：序言；由抗戰開啓全文。

一、神聖：「盧溝橋……是多麽響亮而神聖的名詞」：就歷史地位說，因抗戰而神聖。

二、聲名遠播：「不但在中國連初小一年級的學生都知道它，即在國外也無人不曉」：就現實地位說，無人不曉；承上文神聖而來。

三、作者感受：「它在我腦子裏留下了最深刻的印象」：將敍述引到個人的感受。

四、作文動機：「我願將這些印象介紹給沒有到過盧溝橋而嚮往盧溝橋的人」：收一段文字，並總啓全文。

後部：敍盧溝橋，是爲全文主旨的部分。

一、沿途景物：

「盧溝橋在北平廣安門外的西南二十餘里」：敍前往的目的地—盧溝橋的地點。

㈠出廣安門：

1. 泛說：「車子出了廣安門，就是一片廣漠的田野」：視線接觸大片的景物，是爲溜覽的情形。

2. 詳敍：在視線溜覽中，漸漸的定下神來，觀察田野細部的景物，作具體的敍寫。

(1) 溪流：「沿著公路，有一條清澈可愛的溪流」：路邊景物；開啓楊柳、小鴨兩節文字。

(2) 楊柳：「溪邊種著一排楊柳」：溪邊景物。

(3) 小鴨：「溪水裏游泳著一群小鴨」：溪中景物。

詳敍部分，有靜態的楊柳，動態的溪流、小鴨；有溪流、楊柳諸般景物，有小鴨活潑的生命；畫面很是生動。

3. 感受：「那些彎彎曲曲的小溪……簡直像揚州的瘦西湖」：以虛筆塗出作者心中的幻想；與揚州瘦西湖相提並論，是爲襯托方法。

㈡入宛平縣：

「車子飛快地朝向西南的方向走去，不到十分鐘便進了宛平縣」：以時間表示距離，並作爲文章的過峽。

1. 揚筆：「在抗戰的血史上，這也是個最可紀念的地方」：照應文端「神聖」二字。

「當敵人用大礮轟擊宛平時，不知犧牲了多少戰士和民衆」：補敍上句，極寫「神聖」的情形。

2. 抑筆：敍蕭條情形。

(1) 原因：「這裏非常蕭條，因爲縣政府已移至長辛店去了。」

(2)情形：「四十幾間破舊不堪的鋪面……使人感到一種戰後的淒涼」：以「破舊不堪的鋪面」，就蕭條情形，作具體的描繪，襯出令人感傷的意境。

「在這裏僅僅停了半小時……便到了舉世聞名的盧溝橋」：由敘景、感受回到現實；以「一刻鐘」表示距離，並作爲文章的過峽。「便到了舉世聞名的盧溝橋」句，開啓下文。

沿途景物，出廣安門一段，以閒筆輕描淡寫，勾出輕鬆的畫面；擧「簡直像揚州的瘦西湖」比擬，極寫閒逸的情形；使嚴肅與清淡得以調和，並反襯入宛平縣一節的壯烈情形。

入宛平縣一段，以揚、抑之筆對擧，將古今不同的感慨，以隱約的筆墨呈現出來；情緒雖然平淡，但却能深刻的動人心弦。

二、盧溝橋：避開盧溝橋嚴肅的一面，以閒逸的筆法圖繪橋上景物，不但文章意象非常鮮明，而且使人倍感親切。

(一)工程：以簡潔的文字，將盧溝橋的工程稍作交待。

1. 八景之一：「這是我國的偉大工程，也是燕京八大景之一」：就藝術地位說。八景：居庸疊翠、玉泉垂虹、太液秋風、瓊島春陰、薊門飛雨、西山積雪、金臺夕照、盧溝曉月。

「不但在中國，就是在世界也是有名的大石橋」：補敘八景之一；就工程說，遠近知名。

2. 構造：

(1)長：「二百四十步。」

(2)洞：「十一個大洞。」

(3)石欄雕柱：「兩旁各有一百四十二根。」

(4)獅子：

a大石獅子：「每一根石柱上，蹲著一個大石獅子。」

b小獅子：「大獅的身上……腳底下踩一個。」

「背負、腳抱、胸伏、腳踩」四者：

a形態各自不同，藝術精巧。

b數目甚多，是爲橋上獅子特殊之處。

(二)獅子：

1.就形態說；極寫藝術。

(1)敍述：「或仰或臥，或笑或怒……維妙維肖」：仰、臥、笑、怒，極寫形態具有變化。

(2)議論：「到了這裏……精巧、細緻、偉大」：作者的感受。

2.就數目說；極寫特殊。

(1)敍述：

「許多人都說盧溝橋的獅子數不清，我下了決心一定要把它數清」：開啓下文。

a計數情形：「於是和海瀾相約……最後把我們兩人所數的加起來大小共三百三十二個。」

b計數經過：「我負責數左邊……我也承認沒有數正確」：雖然「決心一定要把它數清」，但結果却仍然「數不清」；以對話的方式，突顯獅子數目的繁多，留待讀者驚歎、嚮往。

(2)議論：敍無法數清的原因。

a自然因素：敍古。

(a)「年代太久」。

(b)「風霜雨雪的摧殘」。

b 人爲因素：敍憑弔人多：「經過不少人的撫摸。」

「所以都有些模糊不清了」：收議論一節。

「我也數掉了背上的小獅……連我也回答不出來」：收敍盧溝橋上面全部文字。

計數獅子，先寫「我下了決心一定要把它數清」，末敍「究竟有多少個呢？連我自己也回答不出來」；兩者並擧，突顯數目的繁多，文字頓呈趣味。

㈢歷史：

1. 興建沿革：

(1)石碑記年：「橋的兩端……上面刻著修建盧溝橋的年代及歷史」：興建沿革。

(2)石柱記景：「還有四根石柱……四個優美而富有詩意的字」：景色怡人；以乾隆皇帝的「盧溝曉月」記載風景的盛況。

「創建於金世宗大定二十九年，落成於章宗明昌三年」：補敍上文修建年代。

2. 歷史地位：

(1)「平漢鐵路沒有修築以前」：「這裏是出入京門的要道」：敍其盛況。

(2)「平漢路通了」：「就冷落起來」：敍其衰況。

(3)「敵人在盧溝橋畔的拱極城放了第一槍後」：「於是盧溝橋的名字，從此震撼了整個的世界」：照應文端「神聖」二字。

明寫橋的盛衰，暗寓人事多少感歎；末以「震撼」照應文端「神聖」二字，氣勢甚盛。

「由它而引起的神聖抗戰……最光榮的一頁」：補敍「震撼」二字。

「盧溝橋的光輝，如同日月一般燦爛」：收歷史一段。

第三組：感受。

一、憑弔古跡；極寫「神聖」二字。

㈠憑弔：

「我靜靜地站在橋頭，俯視著橋下的流水」：憑弔的情形；作者站在橋頭，以俯視的方式憑弔。

「是這樣黃濁而帶深紅色」：承「俯視」而來，「深紅色」爲下文「戰士們的鮮血」預作張本。

「因爲有高坡的緣故……也特別大」：挿敍流水急促的原因，預爲下文「戰士們衝鋒殺敵的吶喊」預作張本。

㈡聯想：點出「神聖」。

1. 鮮血：「這紅水似乎象徵著戰士們的鮮血」：照應上文「深紅色」。

2. 吶喊：「那咆哮的急流聲，象徵著當年戰士們衝鋒殺敵的吶喊」：照應上文「水流得特別急，也特別大」。

「那滾滾的浪濤……互相地衝擊」：抒寫波濤、漩渦的搏鬥，暗點抗日戰爭的慘烈、悲壯。

「越看得久……我連忙走上橋去」：收本段文字。以緊張的感受，突顯流水的洶湧，聯想抗戰的豪壯，直探「神聖」二字。

「走上橋去」四字開啓下段文字。

二、凝視橋上：承「走上橋去」而來。

1. 設問：「也許因爲年代太久的原故吧」：預爲下文提出原因。

2. 敍述：

(1)木板搖擺：「橋上鋪著的木板……馬上便搖擺起來」：點出橋面材料—木板。

(2)獅子毀損：「橋上的獅子有好幾個被子彈打壞了的，都換上了新的。」

藉橋面的損壞，發抒人事變化、今昔有別的感慨。

「再過去……等待我們去長辛店」：落實現實，以閒筆收束本段文字。

三、議論：直承憑弔古跡一段，作進一層的鋪敍。

「我一個人故意走在最後，慢慢地走」：勾出作者依依不捨的心情。

「心裏想著二十六年的七七，這橋上該是多麼悲壯」：照應憑弔古跡一段，開啓下文。

1. 當年情形：「不知有多少戰士在這裏倒下了……鮮血染紅了河流」：照應「悲壯」二字。

2. 今日情形：「如今我們從這裏踏過……當日的血跡」：抒發感傷。

「有幾個人會懺悔抗戰以來他做了昧天良……對不起已死烈士的事」：以反詰語氣作結，氣勢很盛；

文意也由個人的感受，折入家國的懷想。

「盧溝橋……永遠地烙印在每個中華兒女的心裏」：照應文端，總收全文。

批　評

就其特殊處詳加鋪敍，即成妙文佳作；面面俱到，全體照顧，反而會使文章停在層面，不能深入。本文以獅子敍寫盧溝橋的特殊，更以數多敍寫獅子的特殊，勾出鮮明而深刻的意象，惹人嚮往不已。

本文在文字銜接上，有三大特色：

一、以時間作爲文章的過峽，使全文條理清晰，絲毫不紊；並以時間表示距離，使未曾到過的人，有了具體明確的概念。

二、順著車子的行駛，刻畫沿途及橋上的景物；使人讀了，如同自己坐在車中，親眼欣賞一般。又，以車行穿插文中，可使文章具有動態的美。

三、第三組感受中的議論一節，直承憑弔古跡文字，加強「神聖」二字；以「我連忙走上橋去」、「有一條小石橋」，「司機就在這裏等待我們去長辛店」銜接上下文字；所以不但不覺中斷，反而顯得自然而深刻。

本文首尾兩段，以正面嚴肅的筆調抒寫，中間夾以輕鬆、瑣屑的閒筆舖敍；使文章不因嚴肅而枯澀、輕快而鬆散；全文一片和諧。

文章分析略表

盧構橋的獅子

- 獅子
  - 序言
    - 神聖—「中國抗戰的開始地」
    - 聲名遠播—國內、國外、無人不曉
    - 作者感受—「留下了最深刻的印象」
    - → 願將這些印象，介紹給嚮往而未到過的人
  - 盧溝橋
    - 沿途
      - 出廣安門—田野、溪流、楊柳、小鴨，如瘦西湖。
      - 入宛平縣
        - 揚筆—在抗戰血史上，可供紀念
        - 抑筆—如今蕭條，破舊不堪
        - → 戰後淒涼
      - → 景物
    - 橋上
      - 工程
        - 藝術—八景之一
        - 構造—長二百四十步，十一個大洞、石柱一百四十二根
        - → 精巧、偉大
      - 獅子
        - 形態—仰、臥、笑、怒，維妙維肖
        - 數目—大獅、小獅，背、抱、伏、踩，數多
        - → 無法計數
      - 歷史
        - 興建沿革—石碑記年、石柱記景
        - 歷史地位—交通孔道、抗戰勝地
        - → 震撼世界
    - 感受
      - 憑弔古跡
        - 憑弔—站在橋頭，俯視流水
        - 聯想—紅水象徵鮮血，咆哮象徵吶喊
        - → 走上橋去
        - → 覺得緊張，
      - 凝視橋上—木板搖擺，獅子損毀
      - 議論
        - 當年情形—戰士在此倒下
        - 今日情形—後人踏過血跡
        - → 感歎今昔之別
      - → 自我反省
    - → 是否對得起已死的烈士
  - 餘波—盧溝橋將烙印在中華兒女心裏。
  - → 神聖

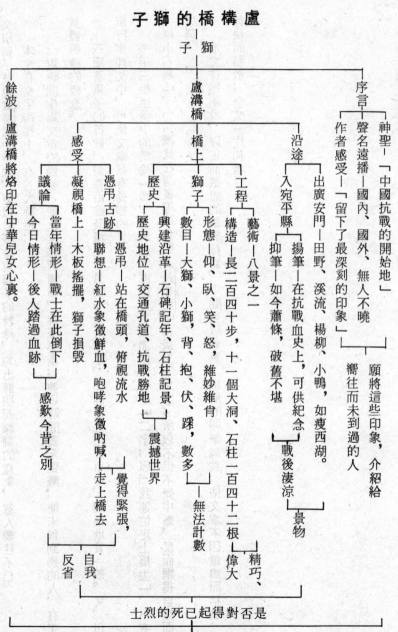

一〇　上樞密韓太尉書

蘇　轍

太尉執事：轍生好爲文，思之至深，以爲文者氣之所形。然文不可以學而能，氣可以養而致。孟子曰：「我善養吾浩然之氣。」今觀其文章，寬厚宏博，充乎天地之間，稱其氣之小大。太史公行天下，周覽四海名山大川，與燕、趙間豪俊交游；故其文疏蕩，頗有奇氣。此二子者，豈嘗執筆學爲如此之文哉？其氣充乎其中，而溢乎其貌，動乎其言，而見乎其文，而不自知也。

轍生十有九年矣。其居家所與游者，不過其鄰里鄉黨之人，所見不過數百里之間，無高山大野，可登覽以自廣。百氏之書，雖無所不讀，然皆古人之陳迹，不足以激發其志氣。恐遂汨沒，故決然捨去，求天下奇聞壯觀，以知天地之廣大。

過秦漢之故都，恣觀終南、嵩、華之高；北顧黃河之奔流，慨然想見古之豪傑。至京師，仰觀天子宮闕之壯，與倉廩府庫、城池苑囿之富且大也，而後知天下之巨麗。見翰林歐陽公，聽其議論之宏辯，觀其容貌之秀偉，與其門人賢士大夫遊，而後知天下之文章聚乎此也。

太尉以才略冠天下，天下之所恃以無憂，四夷之所憚以不敢發。入則周公、召公，出則方叔、召虎，而轍也未之見焉。且夫人之學也，不志其大，雖多而何爲？轍之來也，於山見終南、嵩、華之高，於水見黃河之大且深，於人見歐陽公，而猶以爲未見太尉也！故願得觀賢人之光耀，聞一言以自壯，然後可以盡天下之大觀而無憾者矣。

轍年少，未能通習吏事。嚮之來，非有取於升斗之祿；偶然得之，非其所樂。然幸得賜歸待選，使得優游數年之間，將歸益治其文，且學爲政。太尉苟以爲可教而辱教之，又幸矣。

——欒城集——

分析

曹丕典論論文云：「文以氣爲主；氣之清濁有體，不可力強而致。」主張氣是與生俱來的，每人不同，所以風格也就各異其趣。但蘇轍在本文中却說：「文者氣之所形」、「氣可以養而致」，與曹丕的說法有別。其實兩者並不衝突；曹丕的天生之氣，是就人的材性而言；蘇轍的後天之氣，是就人的努力而言。天賦必有不同，風格也將不能一樣；只要學者努力追尋，悉心涵養，均能有所表現。

本文以「氣」爲主，敍寫文章的本質及培養的方法，頗爲深刻。蘇氏文章名垂千古，從這篇短文中，或可窺知一、二。文分三部：

前部：敍氣的性質；文章的主體，在於「氣」字。

「太尉執事」：書信端語。蘇轍於宋仁宗嘉祐二年登進士第後，被賜待選。次年在京師上書樞密使韓琦太尉，抒其崇敬仰慕之忱。

「轍生好為文」：點明個性，引發下文「思之至深」句。

「思之至深」：由於生性好為文章，所以對文章的主體，才能費盡心神的思考。「思之至深」句，總啓全文；下文均由此句引發。

由「生好為文」、「思之至深」，然後點出「氣」字，是為曲筆；如此敍寫，可以加強文意。

一、立論：標出文章的主體；承上文「思之至深」而來。

㈠主體：「文者氣之所形」：即曹丕的「文以氣為主，氣之清濁有體，不可力強而致。」標示全文總綱，下文均旋此主題議論。

㈡批評：承「文者氣之所形」提出論點。

1.破他：「然文不可以學而能」：破除一般說法，預為下句作了張本。蘇氏兄弟頗受父洵的影響；蘇洵為文謹慎，不肯輕易下筆；嘗云：「兀然端坐終日以讀之者七八年」，這是行文的準備工夫；又云：「不求有言不得已而言著」，這是行文的動機。「文不可以學而能」者，應是受此影響。

2.立己：「氣可以養而致」：建立自己理論，照應「文者氣之所形」，強調「氣」在文章中所佔的地位。

二、舉例：以孟子、太史公之例，為「文者氣之所形」提出論證。

㈠孟子：先天之氣。

1.引說：「我善養吾浩然之氣」：語出孟子公孫丑篇；指先天之氣。

2.議論：以孟子之語與文章相互比較，歸出「氣」字。

「今觀其文章」：點出比較對象。

「寬厚宏博」：點出文章特色，暗示「氣」字。內容寬濶－廣度，渾厚－深度；氣勢宏肆－深度，廣博－廣度。

「充乎天地之間」：補敍「寬厚宏博」，極力突顯「氣」盛。

「稱其氣之小大」：收舉例孟子一節，明示「氣」的重要。

㈡太史公：後天之氣。

1.敍述：太史公養氣方法。

⑴總說：「太史公行天下」：養氣之法；藉外物涵潤吾氣，與孟子有別。

⑵分敍：

a．覽景：「周覽四海名山大川」：方法之一。

b．交游：「與燕、趙間豪俊交游」：方法之二。

2.批評：仍以文章比較，襯出「氣」字。

「故其文疏蕩，頗有奇氣」：「疏蕩」，點出太史公文章的特色；「奇氣」，明示「氣」的重要。

三、議論：

㈠設問：「此二子者，豈嘗執筆學爲如此之文哉」：逼使讀者思考，照應「文不可以學而能」，強調「文者氣之所形」，闡說養氣的重要。

㈡主題：就設問提出答案，並收束本段文字。

1.就存心言：「其氣充乎其中，而溢乎其貌」：蘊於中，必然形於外。

2.就情感言：「動乎其言，而見乎其文」：即「情動而言形，理發而文見。」「而不自知也」：暗點「文不可以學而能」；只要養氣，不必刻意學爲文章，文章自然具備風格。收主題一節。

中部：敍養氣。

第一組：敍離開故鄉的原因—養氣；抑筆。

一、年歲已長：「轍生十有九年矣」：著一「矣」字，慨嘆之意立見。

二、與遊庸俗：「其居家所與遊者，不過其鄰里鄉黨之人」：照應上文「與燕趙間豪俊交游」。

三、見聞不廣：「所見不過數百里之間」：照應上文「周覽四海名山大川」。

㈢議：「無高山大野，可登覽以自廣」：補敍「所見不過數百里之間」。

四、讀書不能涵氣：

㈠敍：揚筆：「百氏之書，雖無所不讀」：反襯下句，逼使氣勢暢盛。

㈡議：抑筆：「然皆古人之陳迹，不足以激發其志氣」：一揚一抑之間，文章波瀾壯潤；氣勢如同斷崖懸瀑，一瀉千里，莫可阻遏。

「恐遂汩沒」：收束上文抑筆部分。

「故決然捨去，求天下奇聞壯觀，以知天地之廣大」：開啓下文，明示離鄉原因。「奇聞」指人，「壯觀」指物。

第二組：敍離開故鄉後的見聞—養氣；揚筆。賓位。

一、自然景觀：

㈠高山：「過秦漢之故都，恣觀終南、嵩、華之高」：縱情盡興，照應上文「決然捨去，求天下奇聞壯觀」句；敍寫心中渴望的激切，及如願觀覽盛景的欣悅，照應上文「周覽四海名山大川」。

㈡河流：「北顧黃河之奔流，慨然想見古之豪傑」：照應上文「與燕趙間豪俊交游」。蘇軾赤壁懷古有「大江東去，浪淘盡，千古風流人物」的感慨；多少豪氣干雲的英雄，最後還是墜入歷史的洪流中，與草木一同化爲糞壤；作者於此，也有這種感歎。

二、人爲景觀：

㈠建築：賓位。

1. 敍：「仰觀天子宮闕之壯，與倉廩府庫、城池苑囿之富且大也」：照應上文「周覽四海名山大川」。「仰觀」二字，暗點盛壯；「富且大也」，明示盛壯。

2. 議：「而後知天下之巨麗」：收建築一節；「而後」二字，有恍然大悟之貌。

㈡賢人：主位，暗點韓琦。

「見翰林歐陽公」：點出賢人—歐陽修；蘇氏兄弟，都是由歐陽公拔擢的進士。

1. 敍：

(1) 議論宏肆：「聽其議論之宏辯」。

(2) 容貌秀偉：「觀其容貌之秀偉」。

(3) 門人賢能：「與其門人賢士大夫遊」。

2. 議：「而後知天下之文章聚乎此也」：收束前文三段的文字；照應首段孟子、太史公的文章，暗點「氣」字。

第三組：敍離開故都的目的—謁見太尉；養氣；主位。

一、慕賢：詳敍太尉。

㈠蘊於中者：「太尉以才略冠天下」：以「才略」籠括太尉的超拔不群，以「冠」字極寫推崇。

㈡形於外者：

1.天下：「所恃以無憂」：就國內而言。

2.四夷：「所憚以不敢發」：就國外而言。

「入則周公、召公」：承「才略」而來，補敍「天下之所恃以無憂」。入相。

「出則方叔、召虎」：承「才略」而來，補敍「四夷之所憚以不敢發」。出將。

「而轍也未之見焉」：收「才略」以下文字，預爲下文「轍之來也」原因埋下伏筆。

二、思齊：

㈠立論：「且夫人之學也，不志其大，雖多而何爲」：「且夫」二字，承接上文而來；於見賢思齊中，點出「志」字，暗應「養氣」。

㈡落實：

1.收束上文：「轍之來也」：點出來京原因。

(1)收束上文自然景觀：

a.山：「於山見終南、嵩、華之高」：收束三段「恣觀終南、嵩、華之高」。

b.水：「於水見黃河之大且深」：收束上文「北顧黃河之奔流」。

(2)收束上文人文景觀：「於人見歐陽公」：收束上文「見翰林歐陽公」「而猶以為未見太尉也」：點出來京原因及思齊的對象。

「故願得觀賢人之光耀，聞一言以自壯，然後可以盡天下之大觀而無憾者矣」：總收一、二、三、四段文字。

後部：敍作文動機；就行文言，是為文章餘波。

一、概述：「轍年少，未能通習吏事」：照應上文「轍生十有九年矣」。第二段以學問言及年齡，著一「矣」字，頗有自歎老大之慨；此節以「吏事」言及年齡，僅以「年少」二字表出，短截有力，頗有渴切指導之意。

二、分敍：

(一)反說：

1.「嚮之來」：「非有取於升斗之祿」。

2.「偶然得之」：「非其所樂」：承上句而來。

(二)正說：「然幸得賜歸待選」：「使得優游數年之間，將歸益治其文，且學為政」：承上句而來。

三則層層轉進，著墨在於末者。一、二兩則，追敍；末則，點出目前處境及心志。

「太尉苟以為可教而辱教之，又幸矣」：總收全文，點出作文的動機。

批　評

孟子曰：「我善養吾浩然之氣。」係指先天之氣；司馬遷周覽山川、交游豪俊，係指後天之氣。先天之氣承自天賦，不可稍加改變；正如曹丕典論論文中所說的「文以氣爲主，氣之清濁有體，不可力強而致。」「雖在父兄，不能以移子弟。」後天之氣得自培養，可以涵潤而成；正如本文所說的「氣可以養而致」。曹丕、蘇轍，論文都以「氣」爲主；雖然一主先天，一主後天，表面上似乎有所不同，但實際上却是相容並存的，因爲先天的氣可以決定文章的風格，後天的氣可以培養文章的氣勢；凡是好的文章，都應同時具此兩者；偏執其一，必然無法達到美善的境界。

就全篇文章而言，一、二、三段是爲序言部分，鋪敍文章的氣勢；四段才是主旨所在，鋪敍作者對於韓琦的嚮慕之意；末段點明作文動機，是爲文章的餘波。文中欲述韓琦，先點歐陽公，作爲引入主題的張本。如三段「見翰林歐陽公」句，暢論歐陽修的學養之後，即行停筆頓住，至四段「於人見歐陽公，而猶以爲未見太尉也」，才一筆揭出主題—韓琦；頗有層遞的美，氣勢自然暢盛。

二、三兩段描寫自然景觀與人文景觀時，似乎兩者並擧；但作者却有所偏重，即偏重在人文景觀上。描寫人文景觀時，似乎建築與人物並擧；但作者却有所偏重，即偏重在人物之上。描寫人物時，先點「鄰里鄉黨之人」，次點歐陽修公，最後勾出韓琦；頗有曲折文意、蓄積文勢的美。欲寫韓琦，先以山川壯麗之景起筆，文勢洶湧；末以「故願得觀賢人之光耀，聞一言以自壯，然後可以盡天下之大觀而無憾者矣」收筆，回應奇景壯觀，筆力雄渾，氣勢萬鈞。

文章分析略表

一〇 上樞密韓太尉書

上樞密韓太尉書

- 氣
  - 性質
    - 立論
      - 主體—「文者氣之所形」
      - 批評—「文不可以學而能，氣可以養而致」
      - —氣的重要
    - 舉例
      - 孟子—「我善養吾浩然之氣」—先天之氣
      - 太史公—周覽山川、交游豪俊—後天之氣
      - —不學此文，而文氣自見
  - 養氣
    - 離開故鄉原因（抑筆）
      - 敘—年歲已長、與遊庸俗、見聞不廣、不能涵氣
      - 議—「恐遂汩沒」
      - —「決然捨去」
    - 離開故鄉見聞（揚筆、賓位）
      - 自然景觀
        - 高山—「恣觀終南、嵩、華之高」
        - 河流—「北顧黃河之奔流」
        - —賓位
      - 人爲景觀
        - 建築—宮闕、府庫、城池苑囿
        - 賢人—見歐陽公
        - —主位
      - —「而後知天下之文章，聚乎此也」
    - 離開故鄉目的（主位）
      - 慕賢—「太尉以才略冠天下」
      - 思齊—願觀太尉，始感無憾
      - —盡天下之大觀
    - —「願得觀賢人之光輝」
  - 作文動機（文章餘波）
    - 概述—「轍年少，未能通習吏事」
    - 分敘
      - 反說—非取祿俸、非其所樂
      - 正說—益治其文、且學爲政
      - —歸待選」
    - 「幸得賜
    - —呈呈韓琦書
  - —「太尉苟以爲可教而辱教之，又幸矣」

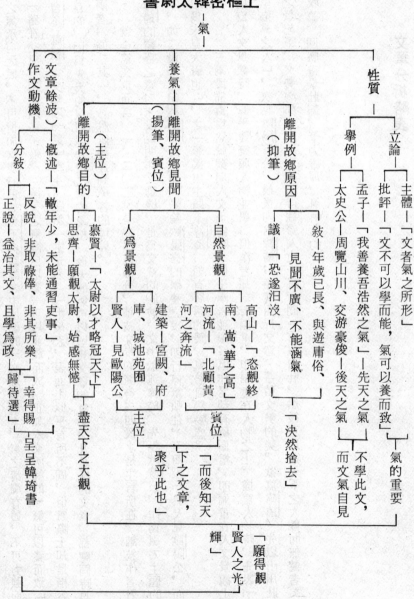

一一　桃花源記

陶　潛

晉太元中，武陵人，捕魚爲業，緣溪行，忘路之遠近。忽逢桃花林，夾岸數百步，中無雜樹，芳草鮮美，落英繽紛；漁人甚異之。復前行，欲窮其林。林盡水源，便得一山。山有小口，彷彿若有光，便舍船，從口入。

初極狹，纔通人；復行數十步，豁然開朗。土地平曠，屋舍儼然。有良田、美池、桑、竹之屬，阡陌交通，鷄犬相聞。其中往來種作，男女衣著，悉如外人；黃髮垂髫，並怡然自樂。見漁人，乃大驚，問所從來；具答之。便要還家，設酒、殺鷄、作食。村中聞有此人，咸來問訊。自云：先世避秦時亂，率妻子邑人來此絕境，不復出焉；遂與外人間隔。問今是何世？乃不知有漢，無論魏、晉！此人一一爲具言所聞，皆歎惋。餘人各復延至其家，皆出酒食，停數日，辭去。此中人語云：「不足爲外人道也。」

既出，得其船，便扶向路，處處誌之。及郡下，詣太守，說如此。太守卽遣人隨其往，尋向所誌，遂迷不復得路。南陽劉子驥，高尙士也，聞之，欣然規往，未果，尋病終。後遂無問津者。

分析

淵明幼年失怙，「少而貧苦」；爲了維持生計，曾經斷斷續續擔任江州祭酒、鎭軍參軍、建威參軍等官職，但每次時間都很短。後來因爲「耕植不足以自給」，只好委曲本性，出任彭澤縣令，盼能改善生活。適逢郡遣督郵至縣，縣吏說：「應束帶見之。」淵明感歎的說：「吾不能爲五斗米折腰，拳拳事鄉里小人！」即日解職去官，賦歸去來辭，退隱故里。雖然「短褐穿結，簞瓢屢空」；甚至叩門乞食，貧病交迫；却仍甘於困窮，不再墜入俗網。

縱觀淵明一生，樸拙平淡，自然適性，不作過分的奢求；因此表現在詩文上，造語平易，情感眞摯；不受當時駢儷文學風靡的影響，也沒有絲毫玄言清談的色彩；卓然獨立，不與世爭，但求發抒懷抱，敍寫性情；誠屬難能可貴。

桃花源記一文所敍寫的境界，純屬幻想，不必眞有其地。淵明生當亂世，渴求天下治平，但於現實中無法尋得，只好轉而依託心靈，塑造一個美好的幻境。本文以「怡然自樂」的「樂」字爲線眼，鋪陳桃花源中的適性得意，隱隱透露淵明理想的家園。文分三部：

前部：敍發現經過，以「無意」二字伏脈；「無意」發現，才顯得自然，才能與文中恬淡悠然的氣氛相合，這是文章的襯境作用。

一、情境：

㈠時間：「晉太元中」：東晉孝武帝時。

㈡人物：「武陵人」：不明言其生平，更能見出自然、清淡。

「捕魚爲業」：補敍人物，暗點進入桃花源中。

二、發現經過：

㈠緣溪而行：「緣溪行，忘路之遠近」：承「捕魚」而來，暗點「無意」二字。

㈡逢桃花林：「忽逢桃花林」。

1. 樹木：「夾岸數百步，中無雜樹」：「夾岸數百步」敍量多；「中無雜樹」敍質純。

2. 芳草：「芳草鮮美，落英繽紛」：「芳草鮮美」敍質潔；「落英繽紛」敍質美。

質純、質潔、質美，暗示淵明心中的理想境界，並遙遙隱映下文對於桃花源的敍述。

「漁人甚異之」：收逢桃花源一節。文筆由探尋桃花源的經過，回到漁人身上，頗能面面俱到，照顧全局。

㈢探桃花源：「復前行，欲窮其林」：承「漁人甚異之」而來，寫盡漁人疑惑的情形。

1. 得山：「林盡水源，便得一山」：點出桃花源隱蔽，不易爲外人發現，原來是被山嶺擋住。

2. 得口：「山有小口，彷彿若有光」：「山窮水盡疑無路，柳暗花明又一村」，又是一番新氣象。

「彷彿」二字，狀描桃花源的隱約，與世隔絕。

「便舍船，從口入」：收本段文字。

桃花源發現經過，以漸進的筆法敍寫；由迷路而逢林，而得山，而得口，一層比一層鮮明，一境比一境清晰；文筆由遠而近，逐步抒繪。如同畫家，首先處理畫面，然後勾出輪廓，然後具體畫出景物；頗能引人入勝。

中部：敍桃花源情形。

一、就漁人所見所聞詳加舖敍。

㈠村外：以道路敍寫：

1. 初行：「初極狹，纔通人」：抑。

2. 復行：「復行數十步，豁然開朗」：揚。

初狹後廣，正是桃花源隱密，不爲外人發現的原因。

㈡村內：

1. 概說：「土地平曠，屋舍儼然」：初入桃花源中，一眼望去，概括而籠統的視覺。

2. 詳敍：仔細的端詳，才看到村內詳細的情形。

⑴視覺：

a 靜態：「有良田、美池、桑、竹之屬。」

b 動態：「阡陌交通。」

⑵聽覺：「鷄犬相聞。」

⑶村人：於視覺、聽覺之外，作者抒寫村內景物，著重在於「人」上。

a 生活情形：

(a)「往來種作」：耕植自給，自成完美的境地。

(b)「怡然自樂」：敍悠然自得、與世無爭的自足境界。其中「黃髮垂髫」句含有：

(a)壯年都到田中去了，只剩老人、幼小閒居家中；頗能各盡職分、克守崗位。

(b)「黃髮」，象徵高壽，寓含桃花源確爲人間天堂。

b衣著：「男女衣著，悉如外人」：預爲下文「先世避秦時亂」、「乃不知有漢，無論魏、晉」埋下伏筆。

二、就村人的感受詳加鋪敘。

㈠初見漁人：

1.詢問：

⑴村人：「見漁人，乃大驚，問所從來」：敘問。「驚」字，暗點桃花源的與世隔絕。

⑵漁人：「具答之」：敘答。

2.殷勤招待：「便要還家，設酒、殺鷄、作食。」

㈡衆見漁人：「村中聞有此人，咸來問訊」：照應「鷄犬相聞」，極寫：桃花源範圍不大、人人熟識和睦。

1.追敘：「先世避秦時亂，率妻子邑人來此絕境，不復出焉；遂與外人間隔」：敘遷居桃花源的原因，補敘村中的人物。

2.設問：「問今是何世？」

3.補敘：「乃不知有漢，無論魏、晉」：承「遂與外人間隔」而來。

「此人一一爲具言所聞」：照應上文「咸來問訊」。

「皆歎惋」：收村人感受一節。點出多少感傷；因避難而定居，而隔離塵世，村人不得不歎。

三、餘波：

1.村人：「餘人各復延至其家。」

2. 漁人：「停數日，辭去」：境界雖美，奈何漁人塵緣未了，仍欲返回熙攘的人群；暗示桃花源地，非俗人所能定居，埋下下文太守、劉子驥訪尋未得的伏筆。

「此中人語云：不足爲外人道也」：收全段文字。桃花源雖於無意中被漁人發現，但俗人却無法居留，如漁人是；所以「不足爲外人道也」句，寓指此地的生活，異於外界的紛擾，不必向外人言說。

後部：文章餘波；就太守及劉子驥的訪尋未得，證實桃花源確有其地，然非俗人所能探求。

一、太守：

1. 漁人誌路：「既出，得其船，便扶向路，處處誌之」：承上文，啓下文。漁人雖然不能留居，却想再度前往；暗示桃花源境界的優美。

2. 造詣太守：「及郡下，詣太守，說如此」：漁人按捺不住發現桃花源的欣喜。

3. 太守訪尋：「太守卽遣人隨其往，尋向所誌，遂迷不復得路」：照應上文「處處誌之」。漁人於「無意」中尋得，太守却有意強尋，當然不能如願。

二、劉子驥：

1. 欣然規往：「南陽劉子驥，高尙士也，聞之，欣然規往」：因劉子驥爲「高尙士也」，所以「欣然規往」，頗能感應桃花源的恬淡。

2. 未果：「未果，尋病終」：有意訪求，雖是「高尙士也」，仍然不能如願。

「後遂無問津者」：總收全文：

1. 桃花源與世隔絕，漁人雖於無意中尋得，然終非俗境，不是人人都能探求的。

2. 作者雖舉太守及劉子驥二人，證實桃花源確有其地，增加文章的眞實性；但此境純屬虛構，所以淵明以「後遂無問津者」收束全文，留待後人惋惜、嚮往。

批評

淵明「少年罕人事，游好在六經」，希望憑藉自己的才能來旋乾轉坤，扭轉天下大勢，淨化社會人心，在在表現積極而奮發的精神；如：「少時壯且厲」、「猛志逸四海」等是，展露了無限的豪氣。但東晉始終在爭權奪利、互相傾軋、戰亂相仍、朝政敗壞的不安中渡過；所以淵明少時的凌雲壯志，漸被剝損，終於消失無跡了。雖然偶而也會「窮年憂黎元，嘆息腸內熱」、「睠戀故國，疾視新朝」；但晚年却以老莊思想取代儒家的道統，如：「人生似幻化，終當歸空無」、「聊乘化以歸盡，樂夫天命復奚疑」等是，這都是老莊思想典型的表現。淵明雖有「乘化委運」、「樂天安命」的道家思想，却能固守儒家的言行，沒有道家放縱、荒誕的行爲。

桃花源記並非眞有其地，「乃寓意於劉裕，託之於秦」、「借往事以抒新恨」；痛恨當時紊亂的朝政，發抒內心對於生活的憧憬；所以本文可以視爲淵明的理想境界。

本文就章法上說，也有數重特點：

一、襯境：氣氛必須一致，文章才能和諧。本文旨在呈現一幅與世無爭、怡然自得的境界；所以不論在塑境上或造句用字上，都能環繞這個原則：

1. 塑境：前部發現桃花源的經過，以「無意」二字伏脈文中，使文章顯得自然、恬淡，沒有絲毫造作、刻意的匠氣。後部以太守及劉子驥兩人的訪尋不得，作爲文章的餘波。太守、俗人，固然不能尋得；高士劉子驥，雖然具備訪求桃花源的資格，但因前部漁人的發現，是由於「無意」，所以劉子驥的刻意訪求，當然不能如願。如此敘寫，文章前後一致，頗能襯出中部悠然自得的佳境。

2.造句：行文在自然閒適的氣氛中，是本文一大特色。如敘桃花源的發現經過說「忘路之遠近」，敘村人的生活說「黃髮垂髫，並怡然自得」；將清雅的意境展現無遺。

3.用字：本文在用字上，也多以襯托的方式，暗點怡然自得。如「夾岸數百步，中無雜樹」，點出質純；「芳草鮮美」，點出質潔，「落英繽紛」，點出質美；襯出淵明心中理想的境地。

二、文字簡潔、樸素，造語平易自然，意境清新、淡雅，是淵明詩文的最大特色。如本文敘寫村內景物及生活情形的筆墨不多，僅有「土地平曠」至「並怡然自樂」一節文字；但作者却能具體而鮮明的表達意象，繪出令人神往的世外桃源，誠實不易；無怪乎沈德潛在說詩晬語中說：「淵明胸次浩然，而其中一段淵深樸茂不可到處，唐人祖述者：王右丞有其清腴，孟山人有其閒遠，儲太祝有其眞樸，韋左司有其沖和，柳儀曹有其峻潔，皆學焉而得其性之所近。」

三、象徵：本文既屬虛構，所以象徵寓意的筆法很多。如：桃花夾岸、芳美鮮美有「閒來無事不從容」、「萬物靜觀皆自得」的趣味。「山有小口，彷彿若有光」有人性之初。如日東升，光輝潤澤；「大人者，不失其赤子之心」的趣味。「黃髮垂髫，並怡然自得」有游心於物之原始、「天地與我並生，萬物與我爲一」的趣味。「不足爲外人道也」有「此中有眞意，欲辨已忘言」的趣味。

就思想說

從行文鋪敘中，往往可以發現作者的思想端緒；如本文「鷄犬相聞」句，語出老子八十章：「小國寡民，使有什伯之器而不用，使民重死而不遠徙。雖有舟輿無所乘之，雖有甲兵無所陳之；使人復結繩而用之。甘其食，美其服，安其居，樂其俗。鄰國相望，鷄犬之聲相聞；民至老死，不相往來。」可知淵明頗受道家思想影響，嚮往小國寡民，鷄犬之聲相聞的無爭境界。

附錄：桃花源詩

嬴氏亂天紀，賢者避其世。黃綺之商山，伊人亦云逝；
往迹浸復湮，來逕遂蕪廢。相命肆農耕，日入從所憩。
桑竹垂餘蔭，菽稷隨時藝；春蠶收長絲，秋熟靡王稅。
荒路曖交通，鷄犬互鳴吠。俎豆猶古法，衣裳無新製。
童孺縱行歌，斑白歡游詣。草榮識節和，木衰知風厲；
雖無紀歷志，四時自成歲。怡然有餘樂，于何勞智慧！
奇蹤隱五百，一朝敞神界。淳薄既異源，旋復還幽蔽。
借問浮方士，焉測塵囂外！願言躡輕風，高舉尋吾契。

分析

全詩可分敍、議兩部：

前部：敍。

一、情境：

㈠原因：「嬴氏亂天紀，賢者避其世」：點出避往桃花源的原因。

㈡時間：「黃綺之商山，伊人亦云逝」：點出避往桃花源的時間，正與「商山四皓」的夏黃公、綺里季、東園公、用里先生四人，因避秦亂而隱於商山同時。

「往迹浸復湮，來逕遂蕪廢」：收情境一節，敍桃花源地與世隔絕的原因。

二、生活情形：

㈠耕種自給：

1.概說：「相命肆農耕，日入從所憩」：以農自給；日出而作，日入而息。

2.詳敍：

(1)作物：

a桑竹：「垂餘蔭」。

b菽稷：「隨時藝」。

(2)收成：

a「春蠶」：「收長絲」：照應「桑竹垂餘蔭」的「桑」字。

b「秋熟」：「靡王稅」：照應「菽稷隨時藝」，與「嬴氏亂天紀」對舉。

㈡禮法：「俎豆猶古法，衣裳無新製」：點出不忘本。

㈢閒適：

1.動物：「荒路曖交通，鷄犬互鳴吠」：「荒路曖交通」照應上文「來逕遂蕪廢」句，暗示村內、村外絕少聯絡，自成一完美的境地。「鷄犬互鳴吠」，以動物的悠閒，襯托此境的平淡。

2.村人：「童孺縱行歌，斑白歡游詣」：收生活情形一節文字。「縱」、「歡」二字，極寫村內的和諧歡娛。

(四)忘時：補敍上文閒適一節。

「草榮識節和，木衰知風厲」：以草木辨明時節，不沾俗塵。

「雖無紀歷志，四時自成歲」：暗點與世隔絕。

「怡然有餘樂，于何勞智慧」：收束生活情形一節文字。

三、餘波：敍桃花源爲外界發現。

「奇蹤隱五百，一朝敞神界」：與世隔絕五百年。

「淳薄既異源，旋復還幽蔽」：雖被發現，又復消失的原因。

後部：議：總收全詩。

1. 設問：「借問游方士，焉測塵囂外」：以反詰語氣襯托桃花源地的不俗，逼使文氣更盛。

2. 自勉：「願言躡輕風，高舉尋吾契」：點出心志，自訴懷抱。

批評

桃花源記、詩在抒描上的不同：

一、筆法：記以舖敍的方式，客觀抒寫作者憧憬的境界；在虛構中，塑造一個風景優美、與世無爭、令人嚮往的世外桃源。詩則直接表現作者理想的境地，以敍述、抒情、議論方式，間雜敍寫。

二、結構：記由訪求桃花源，而敷陳景物及生活情形，而點出避亂原因；詩則由避亂原因，而敷陳生活情形；次序相反，各具其趣。

三、記敍寫村內情形的文字甚少，詩則煞費筆墨；記以訪尋餘波作結，詩則以自訴懷抱作結；敍寫一事而方式不同，可以避免繁複、枯澀的缺失，使文章有整齊而錯落的美。

文章分析略表

桃花源記

- 樂
  - 發現
    - 情境
      - 時間—「晉太元中」
      - 人物—「武陵人，捕魚爲業」
    - 經過
      - 緣溪而行—「忘路之遠近」
      - 逢桃花林—「夾岸數百步，中無雜樹」
      - 探桃花源—欲窮其林，得山口
    - —「舍船，從口入」
  - 情形
    - 漁人見聞
      - 村外—「初極狹」後，「豁然開朗」
      - 村內
        - 概說—「土地平曠，屋舍儼然」
        - 詳敍
          - 視覺—靜態良田、美池、桑、竹；動態阡陌交通
          - 聽覺—「鷄犬相聞」
          - 村人—「往來種作」、「衣著悉如外人」
      - —「怡然自樂」
    - 村人感受
      - 初見漁人—「大驚」、「便邀還家」
      - 衆見漁人—「咸來問訊」
      - 追敍—「先世避秦時亂」來此，不知漢、晉
      - —「皆歎惋」
    - 餘波—餘人延至其家，停數日去
    - —「不足爲外人道也」
  - 餘波
    - 太守—漁人誌路說太守；太守訪尋未得
    - 劉子驥—「欣然規往」；「未果，尋病終」
    - —未能尋得
  - —「後遂無問津者」

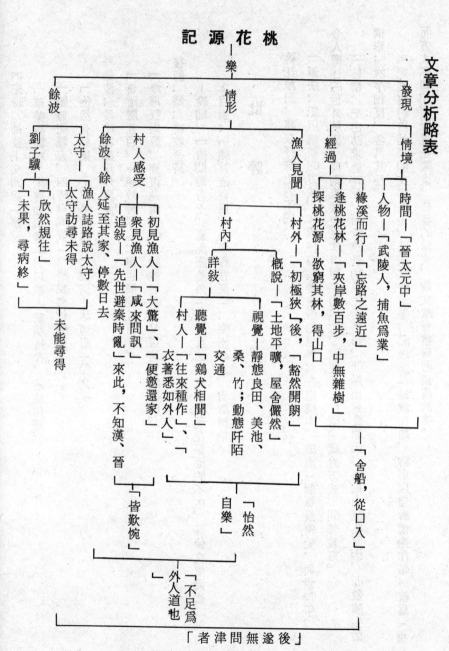

一二 與元微之書

白居易

四月十日夜，樂天白：

微之，微之，不見足下面已三年矣；不得足下書欲二年矣。人生幾何，離闊如此！況以膠漆之心，置於胡越之身，進不得相合，退不能相忘，牽攣乖隔，各欲白首。微之，微之，如何！如何！天實爲之，謂之奈何！

僕初到潯陽時，有熊孺登來，得足下前年病甚時一札，上報疾狀，次敍病心，終論平生交分。且云：「危惙之際，不暇及他，惟收數帙文章，封題其上，曰：『他日送達白二十二郎，便請以代書。』」悲哉！微之於我也，其若是乎！又睹所寄聞僕左降詩，云：

「殘燈無焰影幢幢，此夕聞君謫九江。垂死病中驚坐起，暗風吹雨入寒窗。」

此句他人尚不可聞，況僕心哉！至今每吟，猶惻惻耳。且置是事，略敍近懷。

僕自到九江，已涉三載，形骸且健，方寸甚安。下至家人，幸皆無恙。長兄去夏自徐州至，又有諸院孤小弟妹六、七人，提挈同來。昔所牽念者，今悉置在目前，得同寒暖飢飽：此一泰也。

江州風侯稍涼，地少瘴癘，乃至蛇虺蚊蚋，雖有甚稀。湓魚頗肥，江酒極美，其餘食物，多類北地。僕門內之口雖不少，司馬之俸雖不多，量入儉用，亦可自給，身衣口食，且免求人：此二泰也。

僕去年秋始遊廬山，到東、西二林間香爐峯下，見雲水泉石，勝絕第一，愛不能捨，因置草堂。前有喬松十數株，修竹千餘竿；青蘿爲牆垣，白石爲橋道；流水周於舍下，飛泉落於簷間；紅榴白蓮，羅生池砌；大抵若是，不能殫記。每一獨往，動彌旬日，平生所好者，盡在其中，不惟忘歸，可以終老：此三泰也。

計足下久不得僕書，必加憂望；今故錄三泰，以先奉報。其餘事況，條寫如後云云。

微之，微之，作此書夜，正在草堂中，山窗下，信手把筆，隨意亂書，封題之時，不覺欲曙。舉頭但見山僧一、兩人，或坐或睡；又聞山猿谷鳥，哀鳴啾啾。平生故人，去我萬里。瞥然塵念，此際暫生。餘習所牽，便成三韻云：

「憶昔封書與君夜，金鑾殿後欲明天。今夜封書在何處？廬山庵裏曉燈前。籠鳥檻猿俱未死，人間相見是何年？」

微之，微之，此夕此心，君知之乎？

分析

白居易與元稹兩人，同登科第，交情最爲深厚；於詩文上，兩人時相唱和，世稱元白，並爲中唐詩家。白居易謫貶江州時，元稹也出任通州，常以篇詠贈答往來，不以千里爲遠；可謂伯牙、鍾期之友。

本文以「離濶如此」的「離」字爲線眼，追敍生平的交情，暢論目前的處境，在在都能發自內心，寫出眞情至性的文字，令人心動不已。白居易雖然被貶，且與元稹「牽攣乖隔」；但却能順處逆境、隨遇而安、從三泰中表現出豪放、曠達的心胸，誠屬難得。文分前後兩部：

前部：序言。

一寒喧：書端先行泛說交情。

「四月十日夜，樂天白」：書信端語，點出寫信的時間及作者。

㈠離別時間：

1. 未能見面：「不見足下面已三年矣」：三年。不能見面的原因：

(1) 被謫江州。

(2) 路途遙阻。

(3) 交通不便。

2. 未得書信：「不得足下書欲二年矣」：二年。

文端連呼「微之，微之」，頗有抱怨上天不能成人之美，想把滿腔情感傾瀉出來的氣勢；預爲下文「牽攣乖隔」埋了伏筆。

「已三年矣」、「欲兩年矣」的「矣」字，頗含感歎與哀怨之情。

「人生幾何，離濶如此」：收離別時間一節，明示感傷的原因，並開啓下文。

㈡平生交情：分心理、實際兩方面敘說。

1. 心理：「況以膠漆之心」：「況」字承上啓下；「膠漆」，明示交情的友好。

2. 落實：「置於胡越之身」：作者盼與微之時相聚首，何況江州、通州，相去遙遠，無法天天見面；因此作者用「胡越」二字，加強心中痛苦的感受。

3. 心理：「進不得相合」：承「置於胡越之身」而來，進一層抒發感慨。

4. 落實：「退不能相忘」：承「膠漆之心」而來，進一層抒發感慨。

「牽攣乖隔，各欲白首」：收平生交情一節，寫盡心中矛盾、無奈的情感。

「微之，微之，如何！如何！天實爲之，謂之奈何」：收束全段文字。連呼「微之」，暢抒心中濃烈的感情；「如何！如何」，揣摩微之也當同具感受；「天實爲之，謂之奈何」，頗有司馬遷「苦極呼天，人窮反本」的無奈。短短數語，連作三層轉折，層層深入；至「謂之奈何」戛然而止，意境悠然搖曳，發人感慨。

二、追敘：以具體事跡—信、詩，詳敘交情。

㈠信：

1. 敘：

(1) 得信：「僕初到潯陽時，有熊孺登來，得足下前年病甚時一札」：得信時間—「初到潯陽」；傳信使者—「熊孺登」；寫信背景—「病甚時」。

(2) 內容：

a「上報疾狀」：照應上文「病甚時」。

b「次敍病心」：暗點交情。

c「終論平生文分」：明示交情。

「危惙之際，不暇及他」：照應「病甚時」；「不暇及他」，懸宕文意，爲下文「惟收數帙文章」送達白居易蓄積文氣。「不暇及他」，尙能「收數帙文章」，一正一反之間，頓生波瀾，交情立見。

(3)補敍：

「他日送達白二十二郎，便請以代書」：補敍得信背景，卽微之請人送信的情境—「病甚時」。

2.議：「悲哉！微之於我也，其若是乎」：收束信一節。

(二)詩：

1.敍：

(1)聽聞消息：

a情境：「殘燈無焰影幢幢」：「殘燈無焰」，照應上文「病甚時」；「影幢幢」，承上文而來。此句寓含：

(a)當時情境確實如此。

(b)極寫作者「病甚時」，氣力已弱，生命危急之時。

b主題：「此夕聞君謫九江」：「謫」字，預爲下文「驚」字埋下伏筆。

(2)感受：

a主題：「垂死病中驚坐起」：「垂死病中」照應上文「病甚時」；「驚坐起」照應上文「謫」字。「垂死病中」與「驚坐起」二者，一弱一強，一揚一抑，頗能突顯文意。

b襯境：「暗風吹雨入寒窗」：以境寓情，不勝歔欷。作者爲友感傷，在「垂死」之際，却還「驚」坐而起；交情的深厚，可想而知了。

2. 議：

(1)當時感受：「此句他人尙不可聞，況僕心哉」：以他人突顯自己的感受。

(2)現在感受：「至今每吟，猶惻惻耳」：以「猶」字突顯深刻的感受。

「且置是事」：收束上文。

「略敍近懷」總啓下文。

後部：主題，書信的主要部分；作者自敍目前的生活情形。微之聽說樂天被謫，「垂死病中驚坐起」，兩人交情非比尋常；樂天生活的點點滴滴，都是微之所關切的，因此作者才以閒筆報告近況。文分三層：

一、親人相聚：

(一)作者自己：

「僕自到九江，已涉三載」：點出寫信時間，即謫居江州的第三年。

「形骸且健」：身體方面。

「方寸甚安」：心理方面；暗點隨遇而安，「不以己悲」；是爲三泰的脈絡所在。作者被謫，却能不憂不懼，坦然自適，正是因爲「方寸甚安」的緣故。

(二)家人：「下至家人，幸皆無恙」：家人環繞身旁，無所牽掛。

(三)族人：「長兄去夏自徐州至，又有諸院孤小弟妹六七人，提挈同來」：族人也來同聚，坐享天倫之樂。

由作者自己康健敍起，而家人無恙，而族人同聚，逐步推廣，敍述很有層次；頗能吻合儒家「老吾老以及人之老，幼吾幼以及人之幼」的愛有差等思想。

「昔所牽念者，今悉置在目前，得同寒暖飢飽，此一泰也」：收束本段文字。「悉置目前」，親人相聚；「得同寒暖飢飽」，同甘共苦；作者雖然被謫，却能享受天倫之樂，所以說「此一泰也」。

二、生活自足：

㈠生活情境：

1. 周圍環境：

⑴瘴癘很少：「江州風候稍涼，地少瘴癘」：瘴癘很少，是因爲「風候稍涼」；「風候稍涼」，點出江州的氣候。就靜態環境說。

⑵虵虺甚稀：「乃至虵虺蚊蚋，雖有甚稀」：就動態環境說。

2. 生活物質：

⑴魚：「湓魚頗肥」：湓水之魚。

⑵酒：「江酒極美」：以魚、酒勾出此處的名產。

「其餘食物，多類北地」：同於北地，微之必當知曉，所以不用贅言。

㈡生活費用：

1. 反說：爲下文正說蓄勢。

⑴人口：「僕門內之口雖不少」：照應上文「家人」、「長兄」、「諸院孤小弟妹六、七人」。

⑵俸祿：「司馬之俸雖不多」：點出江州所任官職。

2. 正說：

「量入儉用，亦可自給」：上文以人多俸少蓄勢，此節以「自給」點出生活情形，文意可生宕漾之美。

「身衣口食，且免求人」：承「自給」二字，進一層舖敘。

「此三泰也」：收束本段文字。

三、景色怡人：敍述以草堂爲主。

(一)建堂動機：

1. 遊賞廬山：「僕去年秋始遊廬山」：點出遊賞時間。

2. 建堂地點：「到東西二林間香爐峯下」：暗示建堂所在。

3. 建堂原因：「見雲水泉石，勝絕第一」：雲、水變化萬千，源泉清澈動人，石頭怪特可愛，是爲廬山第一佳景。

「愛不能捨，因置草堂」：作者的感受，收建堂動機一節。

(二)草堂環境：

1. 前院：「前有喬松十數株，修竹千餘竿」：喬、松、竹、皆言其高，是爲特殊景緻。

2. 牆垣：「青蘿爲牆垣」：青蘿蔓延，自成藩籬。

3. 橋道：「白石爲橋道」：石頭舖設，潔白一片，賞心悅目。

4. 周圍：「流水周於舍下」：動態的美。

5. 池塘：「紅榴白蓮，羅生池砌」：視覺的美。

全以自然景觀襯出周圍環境，照應上文「始遊廬山」的「始」字，點出原始的趣味。
「大抵若是，不能殫記」：收束草堂環境一節。
㈢遊賞情形：
1. 敍：「每一獨往，動彌旬日」：極寫愛好之情。
2. 議：作者的感受。
⑴「平生所好者，盡在其中」：照應上文草堂環境的優美。
⑵「不惟忘歸，可以終老」：進一層舖敍心中的感受。
「此三泰也」：收束本段文字。
「計足下久不得僕書，必加憂望」：己心可以揣度微之，更見兩人情感的深厚。
「今故錄三泰，以先奉報」：收束上文三泰文字。
「其餘事況，條寫如後云云」：開啓下文文草的餘波。
下文是爲文章的餘波，文分數層：
一、寫信之時：
㈠時間：「作此書夜」：晚上。
㈡地點：「正在草堂中，山窗下」：草堂窗前。
㈢內容：「信手把筆，隨意亂書」：眞情流露，無須雕飾辭采，堆砌文詞、矯揉造作，雖使字句華麗，却多不能表露眞情；這就是文心雕龍情采篇所謂「爲情而造文」、「爲文而造情」的區別。
㈣完成：「封題之時，不覺欲曙」：天將亮時。

二、心中感受：

㈠起興：藉山僧、猿鳥起興，帶出下文「平生故人」句。

1.山僧：「舉頭但見山僧一、兩人，或坐或睡」：一、兩山僧點綴山林之中，倍增野趣；「或坐或睡」，極寫此地環境的悠閒。

2.猿鳥：「又聞山猿谷鳥，哀鳴啾啾」：以境襯情，爲下文的感歎預埋伏筆。

㈡主題：照應上文「牽攣乖隔」。

1.實際情形：「平生故人，去我萬里」：明示線眼「離」字。

2.理想情形：「瞥然塵念，此際暫生」：作者希望同聚一起。「瞥然塵念」與上文「不惟忘歸，可以終老」的達觀心態，似乎大相違背；但如此更能見出作者的眞情。收束上文。「餘習所牽，便成三韻云」：開啓下文。

一、追敘：以封書爲主。昔。

1.封書：「憶昔封書與君夜」

2.地點：「金鑾殿後欲明天」

二、落實：以封書爲主。今。

1.封書：「今夜封書在何處」：設問。

2.地點：「廬山庵裏曉燈前」：點出作文地點。

三、感慨：收束全詩。

1.比喻：「籠鳥檻猿俱未死」：照應上文「又聞山猿谷鳥，哀鳴啾啾」，暗點處境。

2.喟嘆：「人間相見是何年」：反問微之，詩歌餘味不盡，文意宕漾不已，使人引起悠悠不止的愁思。

追敍部分肯定，落實、議論部分反詰，頗有抱怨遭遇，不能自平，只好傾訴好友的作用。

「微之，微之，此夕此心，君知之乎」：以反詰語氣收束全文，頗有無從訴苦，只好對天長歎的悲情。

批評

一、就描景說，作者自敍的第三泰，含有三重特點：

1.全以自然景物襯出周圍環境；一切自然，沒有絲毫人工匠氣，照應「始遊廬山」的「始」字，點出一片原始風味的處女地。

2.動靜相間，描景活潑而不呆板；如喬、松、竹、青蘿、白石、紅榴、白蓮等，是爲靜態之景；流水，是爲動態之景。

3.色彩鮮明，變化多端，頗收視覺的美。如「青蘿」的「青」色、「白石」的「白」色、「紅榴」的「紅」色、「白蓮」的「白」色等是；於質樸中蘊含絢爛，文字生動可愛。

二、就襯境說：文章餘波部分，頗能寓情於景。山僧，就視覺而言，寫盡作者心中的嚮往，爲下文的「籠鳥檻猿」預埋伏筆；猿鳥，就聽覺言，突顯作者心中的悲戚，照應上文「牽攣乖隔」。這種以境襯情、寓情於景的寫法，往往比直接舖陳抒情，更能動人心弦，引起共鳴。

三、就情感說：感情眞摯，是爲本文最大的特點。

1. 作者以三泰奉達微之，報告近況，免得微之擔心；可知兩人交情的深厚。

2. 三泰的敍述瑣碎，只就平日所感所見，以質樸的文字寫出，絕無雕飾造作的成分；隨興而記，結構也不很嚴謹；內容大多日常瑣事，平凡而不搶眼。但由於作者的情感懇摯，所以雖然只是平凡之語，却能句句扣人心弦，字字深中人心。

3. 作者於本文中，時常以己度人，用自己的心意揣度微之，把自己與微之的心意連結起來。如「況以膠漆之心，置於胡越之身」、「微之於我也，其若是乎」、「計足下久不得僕書，必加憂望」等是，可以上窺伯牙、鍾期之情。

四、就思想說：從行文裏，可以得知作者的思想、心境。

1. 樂天本具儒家思想：在一泰的舖敍中，作者先點自己，次敍家人，次敍長兄，次敍諸院孤小弟妹，由內而外，由親及疏，頗能吻合儒家「親親而仁民，仁民而愛物」、「老吾老以及人之老，幼吾幼以及人之幼」愛有差等的原則。

2. 樂天胸次坦蕩，個性豪放；不受環境拘牽，頗能隨遇而安。如第三泰的描寫，以自然景物圖繪草堂環境，表達一幅原始的風味，將作者愛好自然、純樸無僞的心志，表現得很清楚。

文章分析略表

與元微之書

- 離
  - 序言
    - 寒暄
      - 離別時間—三年未能見面、二年未能得信
      - 平生交情
        - 心理—「膠漆之心」、「進不得相合」
        - 落實—「胡越之身」、「退不能相忘」
        - →「牽攣乖隔」
      - →「天實為之，謂之奈何」
    - 追敘
      - 信—「上報疾狀，次敘病心，終論平生交分」
      - 詩—聞聽被謫，「垂死病中驚坐起」
      - →「至今每吟，猶惻惻耳」
    - →「且置是事」
  - 主題
    - 親人相聚
      - 作者自己—「形骸且健，方寸甚安」
      - 家人—「下至家人，幸皆無恙」
      - 族人—「長兄」與「諸院孤小弟妹」同來
      - →「此一泰也」
    - 生活自足
      - 生活情境
        - 周圍環境—瘴癘、虵虺很少
        - 生活物質—魚肥、酒美
      - 生活費用—人多，俸少；然量入儉用，亦可自給
      - →「此二泰也」
    - 景色怡人
      - 建堂動機—遊賞廬山東西二林間香爐峯下
      - 草堂環境—自然美景，環繞四周
      - 遊景情形—「每一獨往，動彌旬日」
      - →「不惟忘歸，可以終老：此三泰也」
    - 文章餘波
      - 寫信之時
        - 時間—晚上、地點—草堂窗前、內容—「隨意亂書」
      - 心中感受
        - 起興—藉山僧、猿鳥起興
        - 主題—「平生故人，去我萬里」
      - →「籠鳥檻猿俱未死，人間相見是何年」
    - →「略敘近懷」
- →「此夕此心，君知之乎」

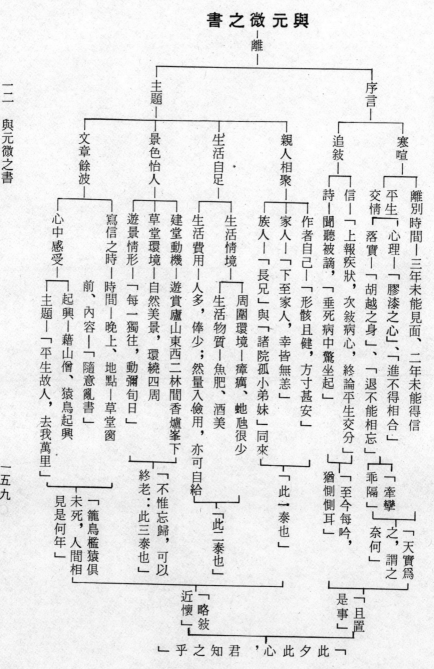

一三　梅花嶺記

全祖望

順治二年乙酉四月，江都圍急。督相史忠烈公知勢不可爲，集諸將而語之曰：「吾誓與城爲殉，然倉皇中不可落於敵人之手以死。誰爲我臨期成此大節者？」副將軍史德威慨然任之。忠烈喜曰：「吾尚未有子，汝當以同姓爲吾後。吾上書太夫人，譜汝諸孫中。」

二十五日，城陷，忠烈拔刀自裁；諸將果爭前抱持之。忠烈大呼德威；德威流涕，不能執刃。遂爲諸將所擁而行。至小東門，大兵如林而立。馬副使鳴騄、任太守民育，及諸將劉都督肇基等皆死。忠烈乃瞠目曰：「我史閣部也！」被執至南門，和碩豫親王以先生呼之，勸之降，忠烈大罵而死。初，忠烈遺言：「我死，當葬梅花嶺上。」至是，德威求公之骨不可得，乃以衣冠葬之。

或曰：「城之破也，有親見忠烈青衣烏帽，乘白馬，出天寧門投江死者，未嘗殞於城中也。」自有是言，大江南北，遂謂忠烈未死。已而英、霍山師大起，皆託忠烈之名，彷彿陳涉之稱項燕。吳中孫公兆奎，以起兵不克，執至白下。經略洪承疇與之有舊，問曰：「先生在兵間，審知故揚州閣部史公果死耶？抑未死耶？」孫公答曰：「經略從北來，審知故松山殉難督師洪公果死耶？抑未死耶？」承疇大恚，急呼麾下騶出斬之。嗚呼！神仙詭誕之說，謂顏太師以兵解，文少保亦以悟大光明法蟬蛻，實未嘗死。不知忠義者，聖賢家法，其氣浩然，長留天地之間，何必出世入世之面目？神仙之說，所謂「爲蛇畫足」。卽如忠烈遺骸，不可問矣；百年而後，予登嶺上，與客述忠烈遺言，無不淚下如雨，想見當日圍城光景。此旣忠烈之面目宛然可遇，是不必問其果解脫否也。而況冒其未死之名者哉！

墓旁有丹徒錢烈女之冢；亦以乙酉在揚，凡五死而得絕，時告其父母火之，無留骨穢地，揚人葬之於此。江右王猷定、關中黃遵嚴、粵東屈大均，爲作傳銘哀詞。

顧尚有未盡表章者：予聞忠烈兄弟，自翰林可程下，尚有數人，其後皆來江都省墓。適英、霍山師敗，捕得冒稱忠烈者；大將發至江都，令史氏男女來認之。忠烈之第八弟已亡，其夫人年少有色，守節，亦出視之。大將豔其色，欲强娶之；夫人自裁而死。時以其出於大將之所逼也，莫敢爲之表章者。嗚呼！忠烈嘗恨可程在北，當易姓之間，不能仗節，出疏糾之。豈知身後乃有弟婦，以女子而踵兄公之餘烈乎！梅花如雪，芳香不染？異日有作忠烈祠者，副使諸公，諒在從祀之列，當另爲別室以祀夫人，附以烈女一輩也。

——結埼亭集——

分析

明末史可法坐鎮揚州，力禦敵寇；及清兵南下，城破殉國，求其遺骸而不可得。踰年，可法家人葬其衣冠，營冢於梅花嶺上；後人感其節烈，又於墓東建有史公祠，朝夕膜拜頂禮。全祖望於清乾隆十二年冬，客居揚州，登臨梅花嶺；憑弔之餘，深爲忠義薄天所動；於是追述史公殉國史實，寓含春秋大九世之仇，冀能垂訓於後代子孫。

本文以「以女子而踵兄公之餘烈乎」的「烈」字爲線眼；只就殉死一事，詳繪一幅忠臣烈士的典型，以供後人仿效；標舉「聖賢家法」，闢除邪說怪論，廓清史公浩然凜烈的面目，振奮世人的心志；末附烈女殉國情形，以羞賣國辱先的小人；用心可謂良苦。文分三部：

前部：敍述：以殉死情形爲主。文分兩層。

一、戰前：

「順治二年乙酉四月」：點出時間。

「江都圍急」：點出地點及情勢

「督相史忠烈公知勢不可爲」：「督相」，點出身分；因爲「督相」，所以埋下殉死的伏筆。「勢不可爲」，承「江都圍急」的「急」字而來。

「集諸將而語之」：承上文「急」字、「勢不可爲」句而來；召來諸將，自明死志。下文以對話方式勾出史公的忠烈，及情勢的不可爲。

(一)誓與城殉：「吾誓與城爲殉」：殉國必死的決心。

㈡不落敵手：「然倉皇中不可落於敵人之手以死」：既爲明朝忠臣，不願死於異族之手，何等凜烈！「倉皇」，照應上文「急」字。

「誰爲我臨期成此大節者」：承上文「倉皇」而來，補敍「誓」字。

「副將軍史德威慨然任之」：爲下文「忠烈大呼德威」埋了伏筆。此句閒散過，似乎不具特殊作用；但經下文一點，文意馬上豁然貫通起來。「慨然」二字，極寫無奈。

㈢譜列德威：「吾尚未有子，汝當以同姓爲吾後」：「德威慨然任之」，史公以「吾後」嘉許勉勵。

「吾上書太夫人，譜汝諸孫中」：交待後事，死志堅定。

本段以對話方式，點出史公臨難不苟、誓與城殉的忠義精神。插敍史德威事，正襯史公威武不屈的剛毅。

二、戰時：

㈠明朝情形：以史公爲主，鋪敍不屈。

1. 國家：「二十五日，城陷」：照應上文「勢不可爲」，點出時間及結果。

2. 史公：「拔刀自裁」：照應上文「誓與城爲殉」。

3. 諸將：「果爭前抱持之」：「爭前抱持」暗示：

⑴史公忠義薄天，衆人受其感動。

⑵史公以恩寵對待部下，部下不忍史公遽逝。

4. 德威：

「忠烈大呼德威」：照應上文「誰爲我臨期成此大節者」。

「德威流涕，不能執刃」：照應上文「慨然任之」的「慨然」二字，心中滿是無奈。

「遂爲諸將所擁而行」：收束明朝情形一節。

㈡滿兵情形：

1. 大兵林立：「至小東門，大兵如林而立」：祖望身處異族統治時代，因此以「大兵」稱呼清軍；「如林而立」，暗示明、清軍隊的懸殊，照應上文「勢不可爲」。

「馬副使鳴騄、任太守民育及諸將劉都督肇基等皆死」：羅列明將效死不屈的情形，表彰節烈，激人操守。

「忠烈乃瞠目曰：我史閣部也」：捨生取義，是爲大勇。

2. 勸降史公：「被執至南門，和碩豫親王以先生呼之，勸之降，忠烈大罵而死」：收束本段上文。「瞠目」、「大罵而死」，突顯史公的不屈。

三、追敘：

㈠史公遺言：「初，忠烈遺言：我死，當葬梅花嶺上」：明點題文「梅花嶺記」。

㈡德威葬之：「至是，德威求公之骨不可得，乃以衣冠葬之」：照應上文「慨然任之」。

梅花嶺，地處江蘇省江都縣廣儲門外。明朝萬曆年間，揚州知府吳秀以濬河積土成嶺，嶺上多種梅花，因此得名。

追敘筆法，應注意上下文字的銜接，以免文章產生鬆散的缺失。

中部：議論；就史公殉國一事，大加議論，並點出「聖賢家法」，力闢邪怪之說。

一、傳聞：

「或曰：「城之破也，有親見忠烈青衣烏帽，乘白馬，出天寧門投江死者，未嘗殉於城中也」：「或曰」，不定之詞；如此傳聞，原因有二：

㈠史公被執殉死，人們慕其忠義，不忍接受此一事實。

㈡戰前，史公召集諸將說：「倉皇中不可落於敵人之手以死」，所以人們牽強附會，硬爲史公死事解說。

二、影響：承上文「未嘗殉於城中也」而來。

㈠一般人們：「自有是言，大江南北，遂謂忠烈未死」：泛說。

㈡英、霍山師：「已而英、霍山師大起，皆託忠烈之名，彷彿陳涉之稱項燕」：具體舉出事實。

㈢孫公、兆奎：

1. 兵敗被執：「吳中孫公兆奎，以起兵不克，執至白下。」

2. 被執情形：「經略洪承疇與之有舊，問曰：先生在兵間，審知故揚州閣部史公果死耶？抑未死耶」：照應上文「未嘗殉於城中也。」

3. 殉死：「孫公答曰：經略從北來，審知故松山殉難督師洪公果死耶？抑未死耶」：崇禎十二年，洪承疇與清兵戰於松山，兵敗被俘。明廷據聞殉國，特地賜祭十六壇，下令建祠紀念。不意他已變節降清，更引清兵入關爲虐，殊屬不該。作者藉兆奎模仿洪承疇的語氣嘲訕他，突顯史公忠義的凜烈精神。「承疇大恚，急呼麾下驅出斬之」：收束孫兆奎一節。

三、批評：

㈠舉證：就一般說。

1.敍：「嗚呼！神仙詭誕之說，謂顏太師以兵解，文少保亦以悟大光明法蟬蛻，實未嘗死」：舉顏眞卿、文天祥的傳聞爲例。

2.議：「不知忠義者，聖賢家法」：點出本段主旨—「聖賢家法」，作爲闢謠翻案的依據。

(1)正說：「其氣浩然，長留天地之間」：補敍「聖賢家法」。

(2)反說：「何必出世入世之面目」：反詰舉證一節，氣勢澎湃。

「神仙之說，所謂爲蛇畫足」：收束舉證一節。

「卽如忠烈遺骸，不可問矣」：開啓下文。

(二)落實：就史可法說。

1.登臨憑弔：

(1)時間：「百年而後，予登嶺上」：作者登覽，上距史公殉國一百零二年。

(2)追懷：「與客述忠烈遺言，無不淚下如雨，想見當日圍城光景」：撫物傷懷、觸目生情，心中不勝依依。

2.感慨：「此既忠烈之面目宛然可遇，是不必問其果解脫否也」：照應上文「其氣浩然，長留天地之間」。「面目宛然可遇」與上文「何必出世入世之面目」對舉，更能襯托「其氣浩然」。收束本段文字。

「而況冒其未死之名者哉」：以反詰語氣進一層議論，氣勢沸騰。

後部：餘波。文分兩層：以烈女爲主。

一、墓旁烈女：有丹徒錢烈女之冢」：因其爲烈女，所以才能與史公精神輝耀。

㈠事跡：「亦以乙酉在揚，凡五死而得絕，時告其父母火之，無留骨穢地，揚人葬之於此。」

㈡傳銘：「江右王猷定、關中黃遵巖、粵東屈大均，為作傳銘哀詞。」

二、弟婦烈女：

「顧尚有未盡表章者」：作者交待還沒完足，開啓全文。

㈠情境：

1.省墓：「予聞忠烈兄弟，自翰林可程下，尚有數人，其後皆來江都省墓。」

2.捕得冒充忠烈者：「適英、霍山師敗，捕得冒稱忠烈者」：照應上文「已而英、霍山師大起，皆託忠烈之名。」

3.史氏辨認：「大將發至江都，命史氏男女來認之」：照應上文「其後皆來江都省墓」。

4.夫人出視：「忠烈之第八弟已亡，其夫人年少有色，守節，亦出視之。」

縷陳情境，預為下文節烈的張本。

㈡事跡：

1.原因：「大將艷其色，欲強娶之。」

2.自裁：「夫人自裁而死」：節烈。

3.未能表章：「時以其出於大將之所逼也，莫敢為之表章者。」

㈢議論：

1.反說：「嗚呼！忠烈嘗恨可程在北，當易姓之間，不能仗節，出疏糾之。」

2.正說：「豈知身後乃有弟婦，以兄女而踵兄公之餘烈乎！」

字。

「梅花如雪，芳香不染，異日有作忠烈祠者，副使諸公，諒在從祀之列」：收束一、二、三、四段文

「當另爲別室以祀夫人，附以烈女一輩也」：收束五、六兩段文字；以烈女襯托史公的忠義，更形凛然。

批評

「玉在山而草木潤，淵生珠而崖不枯」；梅花嶺因史公冢葬於此，當可永遠昭訓後世，令人憑弔不已。史公忠義與江山勝蹟，相互輝映，撼動多少人心，羞煞多少賣國奸賊；史公是不朽了！

一、就內容說：

㈠本文計分三部；前部敍述，記寫史公殉國情形；中部議論，闢除異端邪說，標舉「聖賢家法」，是爲全文主意所在；後部餘波，敍述烈女事跡，與史公精神長留人間。作者生平服膺黃宗羲，致力於史傳；盼能表章節義，發揚民族精神；從本文字裏行間，似可窺知「史臣不立節烈傳，所當立傳者何人」的用心，隱現作者高潔的人格與剛正不阿的思想。

㈡史公人格於本文中，表露無遺；歸其德性，可成三類：

1. 忠烈：本文字句之間，到處流瀉一股崇峻高潔的精神，令人長生企慕之忱。

2. 仁慈：城陷之後，「諸將果爭前抱持之」，可見史公恩待部下，心存仁慈，頗有長者之風。

3. 堅毅：史公明知「勢不可爲」，却仍「誓與城爲殉」；知其不可而爲之，是勇者的表現，也就是「任重而道遠」的堅毅操守。

二、就章法說：

㈠以瑣屑的筆法，敍寫凜然的精神；在輕鬆的閒筆中，使人倍覺親切而不沾澀。嚴肅的科條，往往使人敬畏；描摹史公，如以正面敍述，必然無法引起共鳴。本文只就史公殉國一事，略陳數語，即行勾出鮮明的意象，誠屬不易。

㈡面面俱到，廣而不深；敍寫史公，如果分門別類的舖敍下來，文章一定不能感人；本文在史公諸多事跡裏，只選殉國一事：殉國一事，又以對話襯托人格，意象突出而完整。殉國之戰，只用「城陷」一語，通篇並無慘烈的場面；但作者以戰前的對話，與戰時的情形烘出激烈的氣氛，頗見刀光劍影、嘶殺肉搏的壯烈。僅就特殊處抒描，文章才能深刻動人。

㈢史公忠烈精神，逼人不敢仰視；所以作者在文章餘波裏，又以烈女相襯，兩相烘托，更收相得益彰之效。錢女、弟婦二者，於本文中是爲附傳。

㈣三段後部，音節抑揚頓挫；時而高昂，旋而低沈；作者似想傾出全付的情感。如「何必出世入世之面目」，文勢沸騰；「不可問矣」，文勢漸弱；「想見當日圍城光景」，文勢低沈；「是不必問其果解脫否也」，文勢漸強：「而況冒其未死之名者哉」，文勢又已高昂。

「人固有一死，死有重於太山，或輕於鴻毛，用之所趨異也。」宋有文天祥、明有史可法，同以浩然之氣昭耀千秋，垂訓後世；可使「頑夫廉，懦夫有立志」，何況有血氣的人？

文章分析略表

梅花嶺記

烈

- 敍述
  - 戰前
    - 誓與城殉 —「吾誓與城爲殉」
    - 不落敵手 —「誰爲我臨期成此大節者」
    - 譜列德威 —「譜汝諸孫中」
    - —「勢不可爲」
  - 戰時
    - 明朝情形 — 城陷、史公自裁、諸將抱持、德威不能執刃
    - 清兵情形 — 大兵林立／勸降史公 —「忠烈大罵而死」
    - 追敍
      - 史公遺言 —「我死，當葬梅花嶺上」
      - 德威葬之 —「乃以衣冠葬之」
    - 殉死
  - 作忠烈祠，副使諸公，諒在從祀之列
- 議論
  - 傳聞 —「未嘗殞於城中也」
  - 影響 —「大江南北，遂謂忠烈未死」，英、霍山師、吳公兆奎假託其名
  - 批評
    - 舉證
      - 敍 — 顏太師兵解、文少保蟬蛻
      - 議 —「忠義著，聖賢家法」
    - 落實 — 登臨憑弔、「涙下如雨」
  - 不必問其解脫否，何況冒其未死之名
- 餘波
  - 錢女
    - 事跡 —「凡五死而得絕」
    - 傳銘 — 王猷定、黃遵巖、屈大均，爲作傳銘
    - — 烈女
  - 弟婦
    - 情境 — 省墓、捕得冒充者、史氏辨認、夫人出視
    - 事跡 —「大將艷其色」，「夫人自裁而死」
    - 議論 —「以女子而踵兄公之餘烈」
    - — 列女
  - 「另爲別室以祀夫人」

忠

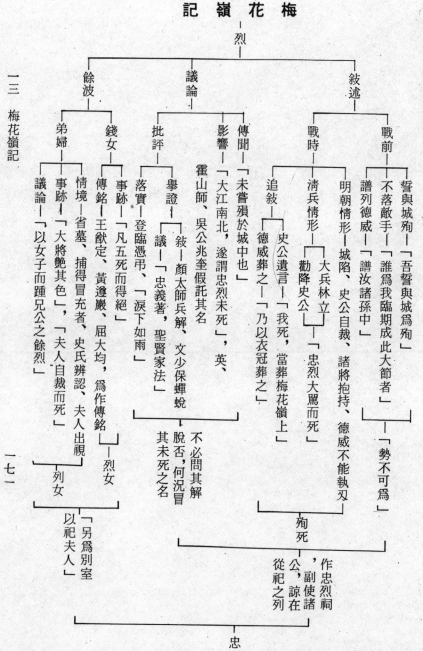

一四　故都的回憶

蔣夢麟

正像巴黎繼承了古羅馬帝國的精神，北平也繼承了中華帝國黃金時代的精神。巴黎是西方都市之都，北平則是東方的都市之都。如果你到過巴黎，你會覺得它不但是法國人的都市，而且是你自己的城市；同樣地，北平不僅是中國人的都市，也是全世界人士的都市。住在巴黎和北平的人都會說：「這是我的城市，我願意永遠住在這裏。」

我在北平住了十五年，直到民國廿六年（一九三七年）抗戰開始，才離開北平。回想過去的日子，甚至連北平飛揚的塵土都富於愉快的聯想。我懷念北平的塵土，希望有一天能再看看這些塵土。清晨旭日初昇，陽光照射在紙窗上，窗外爬藤的陰影則在紙窗上隨風擺動。紅木書桌上，已在一夜之間鋪上一層薄薄的輕沙，拿起鷄毛帚，輕輕的拂去桌上的塵土，你會感到一種難以形容的樂趣。然後你再拂去筆筒和硯臺上的灰塵；筆筒，刻著山水風景，你可以順便欣賞一番，硯臺或許是幾百年來許多文人學士用過的，他們也像你一樣曾經小心翼翼地拂拭過它。乾隆間出窰的瓷器，周朝的銅器，四千年前用於卜筮的商朝甲骨，也有待你仔細揩擦。還有靜靜地躺在書架上的線裝書，這些書是在西方還不懂得印刷術以前印的。用你的手指掽一掽這些書的封面，你會發現飛揚的塵土已經一視同仁地光顧到這些古籍。

拂去案頭雜物上的灰塵，你會覺得已經圓滿地完成這一早晨的初步工作。陽光映耀，藤影搖曳的紙窗在向你微笑，纖塵不染的書桌以及案頭擺設的古董在向你點頭；於是你心滿意足地開始處理你這一天的工作。

我們可以從北平正確地了解歷史，因爲北平不僅像大自然一樣偉大，而且像歷史一樣悠久。它曾是五個朝代的京城，一代繼替一代興起，一代又接替一代滅亡，但是北平卻始終屹立無恙。皇宮建築都是長方形的，而且很對稱地安排得像一張安樂椅，中間有一個寬闊的長方形天井，天井中央擺著一隻青銅鍍金的大香爐，點了香時，香煙就裊裊地升入天空。宮門前站著一排排的銅鹿，宮門口則有雄踞著的一對對石獅或銅獅把守。這種三面圍著雄偉建築的天井，數在一百以上，星羅棋布在紫禁城內。紫禁城的周圍是一座長方形的黃色城牆；城牆四角矗立著黃瓦的碉樓。北平皇城由元朝開始建造，明朝時曾予改進，清朝再予改良而成目前的形式。

掽到晴空澄碧、豔陽高照的日子，宮殿屋頂的黃色釉瓦就閃耀生輝。在暮靄四合或曙色初露之時，紫禁城的大門——午門——上的譙樓映著蒼茫的天色，很像半空中的碉堡。在萬里無雲的月夜，這些譙樓更像是月亮中的神仙宮闕，可望而不可卽。

民國成立以後，滿清的末朝皇帝溥儀，暫時仍統治著北平的這個城中之城，少數殘留的清廷官吏還每隔半月覲見一次。這些官吏穿著舊日滿清官服，聚集在紫禁城的後門聽候召見，仍執君臣之禮。民國十三年（一九二四年）馮玉祥入京，終於把溥儀逐出了紫禁城。

政變後不久，我受命入故宮監督政府的一個委員會，逐屋封閉各門。當時宮內還留有幾個太監，我從他們口中得到好些有關宮廷生活的知識，以及過去許多皇帝、皇后、王子、公主等等的趣聞軼事。

其中一則故事涉及一面從天花板一直垂到牆脚的大鏡子，據說慈禧太后喜歡坐在鏡子前面看看她自己究竟多威嚴。有一天陝西撫臺奉命入宮覲見，他進門後首先看到鏡子裏的太后，於是馬上跪倒，對鏡中人大叩其頭。

「那麼太后怎麼樣呢？我想她一定很生氣吧！」我說。

「哦，不，不！她笑了，而且很和藹地對他說：『你弄錯了，那是鏡子呀。』」

後來各宮啟封清點藝術珍藏時，奇珍拱璧之多，實在驚人。其中有足以亂眞的玉琢西瓜，有「雨過天青」色的瓷器，有經歷三千年滄桑的銅器，還有皇帝御用的玉璽。

唐宋元明清的歷代名畫，更是美不勝收。有些山水畫，描寫大自然的美麗和諧，使人神遊其中，樂而忘返；有些名家畫的馬，維妙維肖，躍然紙上；魚兒遨遊水中，栩栩如生；鵝嘶鷄啼，如聞其聲；竹影扶疏，迎風搖曳，荷塘新葉，晨露欲滴；蘭蕙飄香，清芬可挹。中國的名畫，不僅力求外貌的近似，而且要表現動態、聲音、色澤和特徵，希望啟發想像，甚至激發情感。換一句話說，就是要描摹事物的神韻。

這個委員會包括一百多職員，兩年中翻箱倒篋，搜遍了皇宮的每一角落，把歷代帝王積聚下來的千萬件奇珍異寶一一登記點驗。有些倉庫密密層層滿是蜘蛛網，有些倉庫的灰塵幾乎可以淹沒足踝，顯見已經百年以上無人問津。有些古物已經好久好久沒有人摸過，究竟多久，誰也不知道。

最後故宮終於開放，同時故宮博物院成立，主持古物展覽事宜。一般民衆，尤其是年輕的一代，總算大開眼界，有機會欣賞幾千年來中國藝術豐富而偉大的成就。北平本來就是藝術中心，鑑賞家很多，藝術家也不少，故宮博物院開放以後，更使北平生色不少。過去深藏在皇宮後院的東西，現在大家都可以欣賞了，過去祇有皇室才能接觸的東西，現在已經公諸大衆。抗戰初期，政府就把故宮古物南運，由北平而南京而西南內地，戰後運回南京。復因戰亂而運至臺灣。現在臺中所陳列之古物，就是從北平故宮運來的。

紫禁城之西，有三個互相啣接的湖，叫做南海、中海和北海，湖與湖之間的小溪上有似駝背形的石橋，沿湖遍植百年古木，湖裏盛開著荷花，環湖的山峯上矗立著金黃色玻璃瓦，朱紅柱子，和彫梁畫棟的亭子。據說有一次在湖中捕到一條魚，魚身上還掛著一塊寫著明朝（一三六八——一六四三）永樂年間放生的金牌。

中海之中有個瀛臺，那是一個周圍遍植荷花的小島，一八九八年「維新運動」失敗後，光緒皇帝就被慈禧太后囚禁在瀛臺，後來在一九〇九年死在那裏。小島上建著許多庭院寬敞的宮殿。長著綠苔的古樹，高高地俯蓋著設計複雜的宮殿上的黃瓦，各亭臺之間則有迂迴曲折的朱紅色的走廊互相連接。御花園中建有假山，洞穴怪石畢具，使人恍如置身深山之中。至於不幸的光緒皇帝是否在這美麗的監獄裏，樂而忘憂，那恐怕祇有光緒皇帝自己和跟隨他的人才知道了。在他被幽禁的寂寞的日子裏，他一直受著身心病痛的困擾，最後還是死神解脫了他的痛苦。

北平滿城都是樹木。私人住宅的寬敞的庭院和花園裏，到處是枝葉扶疏，長滿青苔的參天古木。如果你站在煤山或其他高地眺望北平，整個城市簡直是建在森林裏面。平行交叉的街道，像是棋盤上縱橫的線條交織著北平的『林園』。根據由來已久的皇家規矩，北平城裏祇許種樹，不准砍樹。年代一久，大家已經忘記了這規矩，却在無形中養成愛護樹木的良好習慣——這個例子說明了有些制度本身雖然已經被遺忘，但是制度的精神卻已深植人心。中國新生的秘密就在這裏。

在北平住過的人，很少人會忘記蔚藍天空下屋瓦閃閃發光的宮殿和其他公共建築。頤和園和公園裏有幾百年前栽種的古松。有的成行成列，有的則圍成方形，空氣中充塞著松香。烹調精美的酒樓飯館，隨時可以滿足老饕們的胃口。古董鋪陳列著五光十色的古玩玉器，使鑑賞家目不暇接。公共圖書館和私人圖書館的書架上，保存著幾千年來的智慧結晶。年代最久遠的是商朝（西元前一七六六——一一二二年）的甲骨，這些甲骨使我們對中國歷史上霧樣迷濛的時代開始有了概念。此外還有令人肅然起敬的天壇，它使我們體會到自然的偉大和人類精神的崇高。

——西潮——

分析

「故都的回憶」一文，選自西潮廿三章，就作者對北平故都回憶的片段，以瑣碎的筆法，即興的舖寫出來，情感真摯，意象鮮明，絲毫沒有矯揉造作、刻意彫琢的痕跡。結構雖然稍感鬆散，但文字却多清新可喜。

本文以「我懷念北平的塵土」的「念」字為線眼，回憶作者腦海中的北平，抒發內心最深層的情感。文分數層：

第一組：序言；就文化敘北平。

一、總說：

1. 賓位：「正像巴黎繼承了古羅國帝國的精神」：以巴黎與北平、古羅馬與中華帝國並舉，但作者却側重在北平之上；巴黎只是賓位，用來加強北平的地位。

2. 主位：「北平也繼承了中華帝國黃金時代的精神」：點出北平的歷史地位。

二、補敍：於補敍中進一層鋪敍北平；仍以巴黎襯出北平。

㈠都市之都：

1. 賓位：「巴黎是西方都市之都」：敍巴黎。

2. 主位：「北平則是東方的都市之都」：敍北平。

㈡引起共鳴：

1. 賓位：「如果你到過巴黎……而且是你自己的城市」：敍巴黎。

2. 主位：「同樣地……也是全世界人士的都市」：敍北平。

「住在巴黎和北平的人都會說……我願意永遠住在這裏」：收第一組文字。首段始終以巴黎、北平並舉；以巴黎襯出北平，突顯北平的特殊。

第二組：追敍。

一、就生活敍北平：

㈠概說：

1. 時間：「我在北平住了十五年……才離開北平。」

2. 回憶：「回想過去的日子，甚至連北平飛揚的塵土都富於愉快的聯想」：以「塵土」二字，極寫「愉快」的情形。

「我懷念北平的塵土，希望有一天能再看看這些塵土」：懷念本是抽象無形的，但作者却以塵土具體的寫出心中的想念；如同以具體事物描寫抽象的音樂一般，使人容易接受。「希望」，寄望將來，突顯「懷念」二字。

㈡詳敘：於諸多生活細節裏，就晨起拂拭作具體的抒描。下文以「拭」字脈絡全文。

「清晨旭日初昇……窗外爬藤的陰影則在紙窗上隨風擺動」：點出時間—清晨，旭日初昇時。

1. 拂拭桌面：

⑴敘：「紅木書桌上……輕輕地拂去桌面上的塵土」：「已在一夜之間鋪上一層薄薄的輕沙」：承「旭日東昇」追敘，點出拂拭的原因，並開啓下文。

⑵議：「你會感到一種難以形容的樂趣」：作者的感受；照應上文「愉快的聯想」，即「憶」字。

2. 拂拭筆硯：以筆硯暗示身分。

⑴敘：「然後你再拂去筆筒和硯臺上的灰塵。」

⑵議：以補敘的方式發抒情感，照應上文「愉快的聯想」，即「憶」字。

a筆筒：「刻著山水風景」是「你可以順便欣賞一番」的原因；「順便」二字，勾出作者悠閑的心態。

b硯臺：「或許是幾百年來許多文人學士用過的」是「他們也像你一樣曾經小心翼翼地拂拭過它」的原因；幾百年來學士用過的，可發思古之幽情。

3. 瓷器、銅器、甲骨：

「乾隆間出窰的瓷器……也有待你仔細揩擦」：乾隆、周朝、商朝，言其具有古董價值，可供玩賞，咀嚼古意，古董有二：

⑴藝術的古董：就美感經驗而言；凡是可以使人產生美的感受的都是。

⑵歷史的古董：就憑弔撫惜而言；凡是可以使人產生憶的感受的都是。

4. 拂拭書籍：以書籍明示身分。

(1) 敍：「還有靜靜地躺在書架上的線裝書。」

「這些書是在西方還不懂得印刷以前印的」：又敍古趣。

(2) 議：「用你的手指撢一撢這些書的封面，你會發現飛揚的塵土已經一視同仁地光顧到這些古籍」：照應上文「鋪上一層薄薄的輕沙」，點出「愉快的聯想」，即「憶」字。

㈢ 餘波：

「拂去案頭雜物上的灰塵，你會覺得已經圓滿地完成這一早晨的初步工作」：收第二段文字。

「陽光映耀……纖塵不染的書桌及案頭擺設的古董在向你點頭」：照應上文「旭日東昇」一節文字，點出「愉快的聯想」，即「憶」字；「點頭」二字，移情作用，文字生動活潑。

「於是你心滿意足地開始處理你這一天的工作」：收就生活敍北平兩段文字。

二、就歷史敍北平：

「我們可以從北平正確地了解歷史」：點出「歷史」二字。

「因爲北平不僅像大自然一樣偉大，而且像歷史一樣悠久」：補敍上句；以大自然爲賓，歷史爲主，突顯北平的特殊。

㈠ 五代京城：

1. 敍：「它曾是五個朝代的京城」：以「五」極言其久。

2. 議：「一代繼替一代興起…却始終屹立無恙」：以朝代興亡、時局改變，北平依然如故；極寫特殊。歷經多少人事滄桑，但北平始終不稍動搖；以反襯的筆法舖陳，可收突顯的效果。

㈡皇宮建築：以「歷史」（古意）爲脈絡，暗點「憶」字。

1. 概說：勾出輪廓。

⑴皇宮建築：「都是長方形的。」

⑵補敍：「而且很對稱地安排得像一張安樂椅。」

2. 詳敍：具體描繪內部情形。

⑴天井：寫其古趣。

a方位：「中間有一個寬濶的長方形天井」

b內容：「天井中央擺著一隻靑銅鍍金的大香爐……香煙就裊裊地升入空中」：以「香爐」襯出古趣。

c數目：「這種三面圍著雄偉建築的天井……星羅棋布在紫禁城內」：「星羅棋布」，點出分布情形。「紫禁城」三字，開啓下文。

⑵宮門：寫其雄壯。

a門前：「站著一排排的銅鹿。」

b門口：「則有雄踞著的一對對石獅或銅獅把守。」

⑶紫禁城：寫其雄壯。

a周圍：「一座長方形的黃色城牆。」

b城上：「城牆四角矗立著黃色的碉樓。」

具體描繪三則，以古意及雄壯爲主，照應上文就生活敍北平的「古」字，點出「歷史」二字。

「北平皇城由元朝開始建造……清朝再予改良而成目前的形式」：以追敍的筆法補述沿革，並收束本段文字。

㈢餘波：以天氣—晴空、微陽、月夜三者，補敍皇宮的建築。

1. 晴空：

(1)時間：a「晴空澄碧」：晴朗時。

b「艷陽高照」：正午時。

(2)釉瓦：「宮殿屋頂的黃色釉瓦就閃耀生輝」：就晴空敍皇宮建築。

2. 微陽：

(1)時間：a「暮靄四合」：黃昏時。

b「曙色初露」：日出時。

(2)譙樓：「紫禁城的大門……映著蒼茫的天色」：就微陽敍皇宮的建築。

「很像半空中的碉堡」：補敍譙樓；由下往上看，譙樓如同孤立在空中一般，使人不禁引起幻想。

3. 月夜：補敍譙樓。

(1)時間：「在萬里無雲的月夜」：「萬里無雲」，點出天氣良好；「月夜」，點出有月亮的晚上。

(2)「這些譙樓更像是月亮中的神仙宮闕，可望而不可即」：由「空中碉堡」而「神仙宮闕」，由「半空中」而「可望而不可即」，文意逐步加深。

三、就軼事敘北平：

㈠情境：

1. 民國成立，清廷情形：

(1)溥儀仍居紫禁城：「民國成立以後……暫時仍統治著北平的這個城中之城」：「城中之城」指紫禁城；以「城中之城」作爲上下兩段銜接的過峽。

(2)清廷仍執君臣之禮：「少數殘留的清廷官吏還每隔半月覲見一次。」

「這些官吏穿著舊日滿清官服」：補敘上文君臣之禮，說服裝。

「聚集在紫禁城的後門聽候召見，仍執君臣之禮」：補敘上文君臣之禮，說地點；照應「城中之城」。

「民國十三年……終於把溥儀逐出了紫禁城」：收本段文字。

2. 政變不久，故宮情形：

(1)封閉各門：「政變後不久……逐屋封閉各門」：作者當時情形。

(2)宮內傳聞：「當時宮內還留有幾個太監」：傳聞由太監得來：

a宮廷生活知識。

b皇帝、皇后、王子、公主趣聞軼事。

就軼事敘北平一則，由「過去許多皇帝、皇后、王子、公主等等的趣聞軼事」開啓下文。在諸多軼事中，作者只選慈禧太后一則，作具體而扼要的敘述。在慈禧太后的一生事跡中，作者只選威嚴一節，勾出酷愛權威的形象。

㈡軼事：

「其中一則故事……看看他自己究竟多威嚴」：點出酷愛權威的形象。描寫人物，不須面面俱到，單就其特殊處詳加鋪敍即可。面面俱到，只能言及層面，文意不能深刻。

1. 虛筆：「有一天陝西撫臺奉命入宮覲見……對鏡中人大叩其頭」：反襯下文。

2. 設問：「那麼太后怎麼說呢……我說」：蓄積文勢，故意頓挫文意。

「哦，不……那是鏡子呀」：收軼事一節文字。

在美學上，產生美感的方式有遊戲說一種。人們儲存了很多的精神，準備應付重大事故的發生，却見沒有想像中的可怕；於是敞開心來，發出輕鬆的微笑；本節就是如此。

四、就寶物敍北平：以眞、美、古爲描摹主題。

「後來各宮啓封清點藝術珍藏時……實在驚人」：「啓封清點」四字，開啓下文。

前部：敍寶物。

㈠古物：

1. 玉琢西瓜：「其中有足以亂眞的玉琢西瓜」：敍眞。

2. 瓷器：「有雨過天青色的瓷器」：敍美。

3. 銅器：「有經歷三千年滄桑的銅器」：敍古。

4. 玉璽：「還有皇帝御用的玉璽」：敍古。

㈡名畫：

「唐宋元明清的名畫，更是美不勝收」：點出名畫，開啓下文。

1. 山水：

(1)敍述：「有些山水畫，描寫大自然的美麗和諧」：靜態。

(2)感受：「使人神遊其中，樂而忘返」：敍美。

2. 馬：

(1)敍述：「有些名家畫的馬」：動態。

(2)感受：「維妙維肖，躍然紙上」：敍眞。

3. 魚：

(1)敍述：「魚兒遨遊水中」：動態。

(2)感受：「栩栩如生」：敍眞。

4. 鵝鷄：

(1)敍述：「鵝嘶鷄啼」：動態。

(2)感受：「如聞其聲」：敍眞。

5. 竹影：

(1)敍述：「竹影扶疏」：靜態。

(2)感受：「迎風搖曳」：敍眞。

6. 荷葉：

(1)敍述：「荷塘新葉」：靜態。

(2)感受：「晨霧欲滴」：敍眞。

7.蘭蕙：

(1)敍述：「蘭蕙飄香」：靜態。

(2)感受：「清芬可挹」：敍眞。

「中國的名畫」一節，收「唐宋元明清的歷代名畫」以下文字。中國名畫特點，作者認爲：

1.就名畫本身說：

(1)外貌近似；照應上文「有些山水畫，描寫大自然的美麗和諧。」

(2)表現動態、聲音、色澤等特徵：

a動態，照應上文「有些畫家的馬，維妙維肖，躍然紙上。」

b聲音，照應上文「鵝嘶鷄啼，如聞其聲。」

c色澤，照應上文「荷塘新葉，晨露欲滴。」

d特徵，照應上文「蘭蕙飄香，清芬可挹。」

2.就人的感受說：

(1)啓發想像。

(2)激發情感。

「換一句話說，就是要描摹事物的神韻」：收中國名畫文字。

中部：敍整理；補敍就寶物敍北平一節文端的「啓封清點」四字。

(一)人數：「這個委員會包括一百多職員」：照應上文「政變後不久，我受命入故宮監督政府的一個委員會。」

㈡時間：「兩年中翻箱倒篋」

㈢過程：「搜遍了皇宮的每一角落。」

㈣目的：「把歷代帝王積聚下來的千萬件奇珍異寶一一登記點驗。」「登記點驗」，因爲：

1. 極言其多：

2. 這是中國歷代寶物的累積，屬國家所有，不可據爲己有。

「有些倉庫密密層層滿是蜘蛛網……顯見已經百年以上無人問津」補敍過程，又寫古意。君主時代，除帝王之外，無人得以覽賞，因此塵埃甚多。

「有些古物已經好久好久沒有人摸過……誰也不知道」：進一層舖敍「無人問津」，並收本段文字。

後部：敍博物院。

㈠目的：「最後故宮終於開放……主持古物展覽事宜」：故宮博物院成立的目的在於「展覽事宜」。

㈡作用：「一般民衆……有機會欣賞幾千年來中國藝術豐富而偉大的成就」：承上文「開放」二字而來。

㈢影響：「北平本來就是藝術中心……更使北平生色不少」：藝術中心加上豐富的古物，所以「生色不少」。

㈣沿革：

「過去深藏在皇宮後院的東西……現在已經公諸大衆」：收目的、作用、影響三節文字。

1.運回南京：「抗戰初期……戰後運回南京。」

2.運至臺灣：「復因戰亂而運至臺灣。」

「現在臺中所陳列之古物，就是從北平故宮運來的」：補敘運至臺灣一節。

五、就瀛臺敘北平。

㈠南海、中海、北海：「紫禁城之西……叫做南海、中海和北海」：欲敘瀛臺，先寫南海、中海、北海；文筆起得很遠。

1.湖與湖間：「小溪上有似駝背形的石橋」：敘銜接—石橋。

2.沿湖：「遍植百年古木」：敘湖邊—古木，又點古意。

3.湖裏：「盛開著荷花」：敘湖中—荷花。

4.環湖：「山峯上矗立著金黃色玻璃瓦……和彫梁畫棟的亭子」：敘周圍山峯—亭子。

「據說有一次在湖中捕到一條魚……永樂年間放生的金牌」：以閒筆收束本段文字；照應上文「它曾是五個朝代的京城」。

㈡瀛臺：敘述由南海、中海、北海縮至中海，再由中海縮至瀛臺，然後以瀛臺與光緒皇帝融合敘述，是爲文章的漸進法。

1.地點：「中海之中有個瀛臺。」

2.環境：「那是一個遍植荷花的小島。」

⑴宮殿：「小島上建著許多庭院寬敞的宮殿。」

「長著綠苔的古樹，高高地俯蓋著設計複雜的宮殿上的黃瓦」：補敘宮殿。

(2)亭臺：「各亭臺之間則有迂迴曲折的朱紅色的走廊互相連接。」

(3)花園：「御花園中建有假山……使人恍如置身深山之中。」

3.歷史事跡：「一八九八年維新運動……後來在一九〇九年死在那裏」：融進光緒皇帝，令人發思古的幽情。點出「囚禁」。

「至於不幸的光緒皇帝……和跟隨他的人才知道了」：補敍歷史事跡，點出「不幸」。

「在他被幽禁的寂寞的日子裏……最後還是死神解脫了他的痛苦」：收瀛臺一段文字，點出「病痛」。

由「囚禁」而「不幸」，而「病痛」，頗具層次。

六、就樹木敍北平；樹木的特色在於「古」字。

(一)樹木滿城：「北平滿城都是樹木。」

1.庭院花園：「私人住宅的寬敞的庭院和花園……長滿青苔的參天古木」：又敍「古」字。

2.煤山眺望：「如果你站在煤山……建在森林裏面」：照應上文「滿城都是樹木」。

3.平行街道：「平行交叉的街道……交織著北平的林園」：以棋盤、林園襯境。

「北平滿城都是樹木」，概說；下舉私人庭院花園的參天古木，突顯主題「滿是樹木」；再以煤山眺望全城都是樹木強化文意；末以林園收束樹木滿城文字；由私人的「枝葉扶疏」而「建在森林裏面」，而「林園」，逐步加深敍述樹木滿城的筆墨。

(二)由來：

1規定：「根據由來已久的皇家規矩……不准砍樹。」

2.習慣：「年代一久……却在無形中養成愛護樹木的良好習慣。」

3.議論：「這個例子說明了……却已深植人心」：對個人的議論。

「中國新生的秘密就在這裏」：對國家的議論。

第三組：回憶；就街景敍北平。

一、建築：

1.宮殿：「蔚藍天空下屋瓦閃閃發光的宮殿。」

2.酒樓飯館：「烹調精美的酒樓飯館，隨時可以滿足老饕們的胃口。」

3.圖書館：「保存著幾千年來的智慧結晶。」

「年代最久遠的是商朝的甲骨……開始有了概念」：補敍「智慧結晶」。

4.天壇：「它使我們體會到自然的偉大和人類精神的崇高。」

二、樹木—古松：

1.地點：「頤和園和公園裏有幾百年前栽種的古松」：又敍「古」字。

2.排列：「有的成行成列，有的則圍成方形。」

「空氣中充塞著松香」：收古松一節。

三、商店：古董鋪

「古董鋪陳列著五光十色的古玩玉器，使鑑賞家目不暇給」：照應上文「北平本來就是藝術中心」。

本文末了以瑣碎的回憶作結，在平淡中自有眞趣。

批　評

一、以追敍的方法，抒寫記憶中的北平；全文結構稍嫌鬆散，但文字却多可喜：

(一)以瑣碎的筆法，敍述日常生活的點點滴滴，使人讀了，頗有親切而共鳴的感覺。

(二)大題小作；不用嚴肅的色彩圖繪，却以輕鬆的口吻追敍小節；意象非常鮮明。

(三)用具體的事物喚起讀者的記憶，抒發個人的情感，使文章更具眞實性。

(四)就生活追敍北平一節，以拂拭桌面、筆硯暗點身分；情感眞摯，文筆自然。

二、通篇以「念」字爲經，以「古」字爲緯，交織全文。在思念北平的追敍中，每以「古」字寫其特殊。如：

1.歷史方面：「五個朝代的京城。」

2.古物方面：「周朝的銅器。」

3.名畫方面：「唐宋元明清的歷代名畫。」

4.樹木方面：「沿湖遍植百年古木。」

三、就瀛臺敍北平一段，在敍述上有兩大特色：

1.「至於不幸的光緒帝」一節，只說光緒被囚，是否樂而忘憂，只有「自己和跟隨他的人才知道」，不明言眞正情形；直到下節才點出「一直受著身心病痛的困擾」，明敍光緒的痛苦。上節含蓄，却有所暗示，可以引起讀者的思考。

2.由「囚禁」而「不幸」，而「病痛」，一層一層加重筆墨，頗能動人心弦。

四、就寶物敍北平一段，在敍述上有五大特色：

1.以眞、美、古爲古物、名畫兩節敍述的主題。眞，狀其實狀；美，寫其感受；古，思其懷想。

2.古物、名畫分開敍述，頗能表徵故宮珍藏的豐富。

3.名畫一節，分動態的馬、魚、鵝、鷄，及靜態的竹、荷、蘭、蕙兩類敍述，文章整齊而不單調。

4.名畫一節，不但刻畫細膩，而且具有聲音的美，如「鵝嘶鷄啼」句。

5.名畫一節，在靜態的描摩上，頗能就其特徵抒繪；如以影繪竹，以葉繪荷，以芬繪蘭；很能表現它的特殊處。

文章分析略表

故都的回憶

- 序言
  - 都市之都—與巴黎同是都市之都
  - 引起共鳴—與巴黎同是世人的都市
  - → 就文化敘北平
- 追敘
  - 就生活敘北平
    - 時間—住了十五年
    - 拂拭—桌面、筆硯、瓷器、書籍
    - → 晨起的點點滴滴
  - 就歷史敘北平
    - 五代京城—遼、金、元、明、清
    - 皇宮建築—宮門、天井、紫禁城、譙樓
    - → 「可以從北平正確地了解歷史」
  - 就軼事敘北平—慈禧太后酷愛權威
  - 就寶物敘北平
    - 古物—玉琢西瓜、瓷器、銅器、玉璽
    - 名畫—山水、馬、魚、鵝鷄、荷葉、蘭蕙
    - → 古、眞、美
  - 就瀛臺敘北平
    - 地點—位於中海之中
    - 囚禁光緒皇帝之處
    - → 「死神解脫了他的痛苦」
  - 就樹木敘北平
    - 樹木滿城—參天古木
    - 由來—只種不砍，成了習慣
    - → 「中國新生的秘密，就在這裏」
  - → 「這是我的城市，我願意永遠住在這裏」
- 回憶
  - 建築—宮殿、酒樓飯館、圖書館、天壇
  - 樹木—古松
  - 商店—古董鋪
  - → 就街景敘北平

→ 古

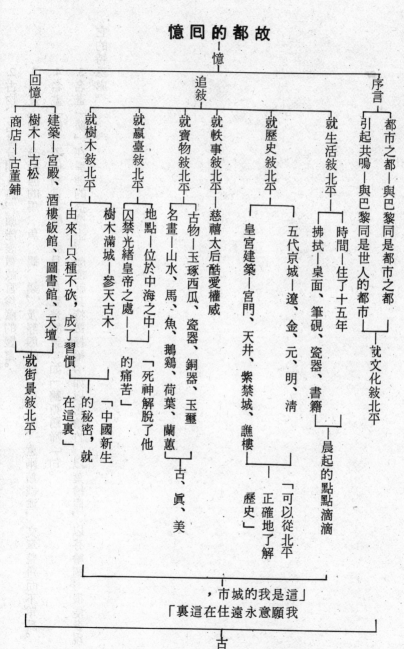

一五　臺灣通史序

連　橫

臺灣固無史也。荷人啟之，鄭氏作之，清代營之，開物成務，以立我丕基，至於今三百有餘年矣。而舊志誤謬，文采不彰，其所記載，僅隸有清一朝；荷人鄭氏之事，闕而弗錄，竟以島夷海寇視之。烏乎！此非舊史氏之罪歟？且府志重修於乾隆二十九年，臺、鳳、彰、淡諸志，雖有續修，侷促一隅，無關全局，而書又已舊。苟欲以二三陳編而知臺灣大勢，是猶以管窺天，以蠡測海，其被囿也亦巨矣。

夫臺灣固海上之荒島爾！篳路藍縷，以啟山林，至於今是賴。顧自海通以來，西力東漸，運會之趨，莫可阻遏。於是而有英人之役，有美船之役，有法軍之役，外交兵禍，相逼而來，而舊志不及載也。草澤羣雄，後先崛起，朱、林以下，輒啟兵戎，喋血山河，藉言恢復，而舊志亦不備載也。續以建省之議，開山撫番，析疆增吏，正經界，籌軍防，興土宜，勵教育，綱擧目張，百事俱作：而臺灣氣象一新矣。

夫史者，民族之精神，而人羣之龜鑑也，代之盛衰，俗之文野，政之得失，物之盈虛，均於是乎在。故凡文化之國，未有不重其史者也。古人有言：「國可滅而史不可滅。」是以郢書燕說，猶存其名；晉乘楚杌，語多可採。然則臺灣無史，豈非臺人之痛歟？

顧修史固難，修臺之史更難，以今日修之尤難。何也？斷簡殘編，蒐羅匪易；郭公夏五，疑信相參：則徵文難。老成凋謝，莫可諮詢；巷議街譚，事多不實：則考獻難。重以改隸之際，兵馬倥傯，檔案俱失，私家收拾，半付祝融，則欲取金匱石室之書，以成風雨名山之業，而有所不可。然及今為之，尚非甚難，若再經十年二十年而後修之，則真有難為者。是臺灣三百年來之史，將無以昭示後人，又豈非今日我輩之罪乎？橫不敏，昭告神明，發誓述作，兢兢業業，莫敢自遑。遂以十稔之間，撰成臺灣通史。為紀四，志二十四，傳六十，凡八十有八篇，表圖附焉。起自隋代，終於割讓，縱橫上下，鉅細靡遺，而臺灣文獻於是乎在。

洪惟我祖先，渡大海，入荒陬，以拓植斯土，為子孫萬年之業者，其功偉矣！追懷先德，眷顧前途，若涉深淵，彌自儆惕。烏乎！念哉！凡我多士，及我友朋，惟仁惟孝，義勇奉公，以發揚種性：此則不佞之幟也。婆娑之洋，美麗之島，我先王先民之景命，實式憑之。

——臺灣通史——

分析

「國可滅而史不可滅」；歷史，是民族精神的保壘，國家處世的憑藉。聖賢一點一滴累積的智慧，祖先辛苦經營的成果，都展現在歷史文化中，滙成一股巨流；源遠流長、澎湃洶湧的震撼著人們的心靈，使後人有所依歸與持循。「薪盡火傳」，正是歷史最重要的意義。

本文以「史」字爲線眼，縷述修史的動機、經過，勉勵同胞祖述先人遺緒，奮進不懈，創寫歷史嶄新燦爛的一頁。文分數層：

第一組：修史的動機

一、自然因素：臺灣無史。

㈠前提：「臺灣固無史也」：以「無史」二字立案，作爲下文議論的張本，並開啓全文。「固」字，暗點下文「夫史者，民族之精神，而人群之龜鑑也」，刻畫作者心中多少感歎，寫出連橫修史的動機。文端以「臺灣固無史也」句起筆，頗能激人痛思，引起普遍的關切與共鳴；在文章上是爲「懸宕」。

㈡追敍：以時間先後，有次序的追敍開發過程。

1. 開闢：「荷人啓之」。
2. 創建：「鄭氏作之」。
3. 經營：「清代營之」。

「開物成務，以立我丕基」：收追敍一節。「開物」，對自然環境而言；「成務」，對人爲環境而言。「開物成務」是因，「以立我丕基」是果。

「至於今三百有餘年矣」：補敍開發時間。

二、人爲因素

㈠舊志誤謬：

1. 敍述：

「舊志誤謬」：指史實記載方面；舊志缺失之一。

「文采不彰」：指內容修辭方面；舊志缺失之二。

(1)僅記隸清時期：「其所記載，僅隸有清一朝。」

(2)缺錄荷、鄭之事：「荷人鄭氏之事，闕而弗錄。」

「竟以島夷海寇視之」：補述上句，發抒感慨；「竟」字，點出作者心中的不平。

2. 批評：「烏乎！此非舊史氏之罪歟」：收舊志誤謬一節。以「烏乎」二字，感歎舊史的誤謬；以「此非舊史氏之罪歟」詰問讀者；作者心中深沈的感傷，在一歎一詰之間，表露無遺；文章氣勢很盛。

(二)侷促一隅：敍重修情形。

1. 敍述：

(1)重修府志：「且府志重修於乾隆二十九年。」

(2)重修縣志：「臺、鳳、彰、淡諸志，雖有續修。」

(3)重修缺點：

a「侷促一隅」；「無關全局」補敍「侷促一隅」。

b「書又已舊」。

2. 批評：「苟欲以二三陳篇而知臺灣大勢」：「陳篇」照應上文「而書又已舊」；「二三」照應上文「侷促一隅」。

「是猶以管窺天，以蠡測海」：比喻上句，進一層議論。

「其被圍也亦巨矣」：收束全段文字。

三、補敍開發過程：就「荷人啓之，鄭氏作之，清代營之，開物成務，以立我丕基，至於今三百有餘年矣」作具體而詳盡的補敍。以開發過程爲經，以舊志誤謬爲緯，反覆交織成文。

(一)初創時期：

1. 前提：「夫臺灣固海上之荒島爾」：以「荒島」二字立案，作爲下文議論的張本；「固」字突顯下文「篳路藍縷，以啓山林」的艱辛歷程。

2. 歷程：「篳路藍縷，以啓山林」：敍開發的艱苦，與上文「荒島」二字相映成趣。

「至於今是賴」：收初創時期一節。

(二)海通時期：

1. 敍述：

(1)背景：「顧自海通以來，西力東漸」：自然環境。

(2)影響：「運會之趨，莫可阻遏」：承上句而來。

(3)事件：承影響而來。

a「英人之役」。

b「美船之役」。

c「法軍之役」。

「外交兵禍，相逼而來」：收海通時期敍述一節。「兵禍」，指戰爭；「外交」，指和談。

2. 批評：「而舊志不及載也」：照應上文「舊志誤謬」。

㈢群雄時期：

1. 敍述：

(1)背景：「草澤群雄，後先崛起。」

(2)時間：「朱、林以下，輒啓兵戎」：以朱一貴、林爽文的起事作爲時間的界線，並補敍「草澤群雄」四字，點出人物作爲具體的代表。「後先」、「輒啓」兩句，極言其多。

(3)情形：「喋血山河」：起義交戰情形。

(4)動機：「藉言恢復」。

2. 批評：「而舊志亦不備載也」：照應上文「舊志誤謬」。

㈣建省時期：

1. 敍述：「續以建省之議」以下，分述建省的具體措施：「開山撫番，析疆增吏，正經界，籌軍防，興土宜，勵教育。」

建省的具體措施，可以歸成數類：

(1)政治方面：「開山撫番」「析疆增吏」、「正經界」。

(2)軍事方面：「籌軍防」。

(3)農業方面：「興土宜」。

(4)教育方面：「勵教育」。

「綱舉目張，百事俱作」：收具體措施一節；「目」指具體措施，「綱」指建省一事。

2. 批評：「而臺灣氣象一新矣」：收束全段文字。

四、議論：就歷史對於國家、民族的重要詳加鋪敘，並收束上面所有文字。

㈠立論：

1. 歷史的重要：

⑴國家方面：「民族之精神」：維繫國家道統，發揮「薪盡火傳」的功能。

⑵個人方面：「人群之龜鑑也」：鑑古知今，可供處世立身的標準。

2. 歷史的內容：舉代、俗、政三者具體敘述。

⑴「代之盛衰」。

⑵「俗之文野」。

⑶「政之得失」。

「均於是乎在」：收舉例一節。

「故凡文化古國，未有不重其史者也」：收立論、舉例文字。

二、舉例：

「國可滅而史不可滅」：承接上文，開啓下文；就上文「夫史者，民族之精神」句，進一層議論。

1.「郢書燕說」：「猶存其名」

2.「晉乘楚杌」：「語多可採」。

三、落實：從理論回到實際，明點臺灣無史，照應文端「臺灣固無史也」句，說明撰史的另一原因。

「然則臺灣無史，豈非臺人之痛歟」：收本段文字。

第二組：修史的困難。

一、前提：連用三層轉折，一層比一層深刻。

「顧修史固難，修臺之史更難，以今日修之尤難」：

㈠「修史固難」：泛指一般情形；「修臺之史更難」：僅就臺史而言。

㈡「修臺之史更難」：泛指臺史一般情形；「以今日修之尤難」：特就今日臺史而言。

㈢由「固」字而「更」字，而「尤」字，逐步加強；文氣在「尤」字沸騰到了最高點。

三、原因：

㈠徵文困難：

1.「蒐羅匪易」，因為「斷簡殘編」：就大的篇章而言

2.「疑信相參」，因為「郭公夏五」：文字脫漏之意；就小的字句而言。

㈡考獻困難：

1.「莫可諮詢」，因為「老成凋謝」；就時間縱線而言，無法諮詢老者。

2.「事多不實」，因為「巷議街談」；就時間橫面而言，人云亦云，率多不實。

㈢資料缺失：

1.國家方面：「檔案俱失」；因為「改隸之際，兵馬倥傯」。

2.私人方面：「私家收拾，半付祝融」：承上文「兵馬倥傯」而來。

「則欲取金匱石室之書，以成風雨名山之業，而有所不可」：收原因一節。

三、感慨：分兩層遞進，逐步加強文勢。

㈠尚非甚難：「及今為之」。

㈡眞有難爲：「若再經十年二十年而後修之」。

「是臺灣三百年來之史，將無以昭示後人，又豈非今日我輩之罪乎」：承「尙非甚難」與「眞有難爲」進一層發抒感歎；以反詰語氣作結，氣勢很盛。文末詰問語氣，頗能引人深思、震撼心靈。

本段文字在描寫上，有三重特點：

一、以層遞方式鋪敍、逐步加強文勢，深刻文意。如「困難」、「更難」、「尤難」；「尙非甚難」、「眞有難爲者」；「無以昭示後人」、「我輩之罪」等是。

二、以翻案方式懸宕、深刻文意。本段文端言「以今日修之尤難」，但文末却說「然及今爲之，尙非甚難」，一立一翻之間，更能突顯「難」的主題。

三、文章前後相銜，且呈單線發展。文端言「以今日修之尤難」；文末承接「尤難」二字，帶出「然及今爲之，尙非甚難」，更進一層議論「若再經十年二十年而後修之，則眞有難爲者」；前後相承，文意串接而深入。「尤難」，就歷史而言；「尙非甚難」，就後代而言。

第三組：修史的經過。

一、態度：

1. 天資：「橫不敏」：自謙之語。

2. 心志：「昭告神明，發誓述作」：極寫心志的堅定。

3. 情形：「兢兢業業，莫敢自遑」：極寫態度的謹愼；承「昭告神明」句而來。

二、時間：「遂以十稔之間，撰成臺灣通史」：點出時間及書名。「遂」字，敍撰寫的不易。

三、體例：「爲紀四，志二十四，傳六十，凡八十有八篇，表圖附焉。」

四、年代：「起自隋代，終於割讓」與「舊志誤謬」，僅記隸於有清一朝對擧，頗能見其特殊與撰寫的用心；照應「十稔」二字。

「縱横上下，鉅細靡遺」：概括敍述內容。

「而臺灣文獻於是乎在」：收上文全部文字。

第四組：勉勵之語，是爲文章的餘波。

一、追敍：

㈠前人創建：

1. 人物：「洪惟我祖先」。

2. 過程：「渡大海，入荒陬」；「大」、「荒」二字，狀其辛苦。

3. 目的：

(1)「拓植斯土」：就本身生存而言。

(2)「爲子孫萬年之業者」：爲後代子孫著想。

「其功偉矣」：收前人創建一節。

㈡後人感懷：

1. 承先：「追懷先德」：承上文而來。

2. 責己：「眷顧前途」：對自己的期許。

「若涉深淵，彌自儆惕」：收後人感懷一節。

二、勉勵：

1. 對象：「凡我多士，及我友朋」：以「烏乎！念哉！」帶出勉勵之語，可見作者深沈的寄望。

2. 目標：「惟仁惟孝，義勇奉公」：承繼歷史傳統文化，即在仁、孝兩字。

「以發揚種性」：照應三段文端「夫史者，民族之精神」句。

「此則不佞之幟也」：收勉勵一節。

「婆娑之洋，美麗之島，我先王先民之景命，實式憑之」：總收全文。

批評

本文以夾敍夾議的方式鋪敍；既不失於平板的敍述，也不是通篇枯澀的議論；在敍述中暗含感慨，於議論中明示抱屈（臺灣無史）誠能和諧全文，緊湊題旨：

㈠就全文而言，一二兩段敍述，三四兩段議論；五段修史經過，六段勉勵後人；敍議分量相當。

㈡就一段而言；敍述之後，必有議論，以發抒內心濃重的感傷。如二段補敍開發四個時期，在每節敍述之後，各以「至於今是賴」、「而舊志不及載也」、「而舊志亦不備載也」、「而臺灣氣象一新矣」等感慨抒寫濃重的感情，寓含深刻的愛國情操。

本文一、二、四段文端，運用強烈而肯定的字眼立論，震撼讀者的心靈，引發讀者的思緒；然後下文再行條分縷析，闡述原因，頗能發人深省，獲得動人的效果。如一段的「臺灣固無史也」、二段的「夫臺灣固海上之荒島爾」、四段的「顧修史固難」等是。每一則均用「固」字，表示事實如此，並隱含作者低沈的感傷。

連橫以客觀的立場撰成臺灣通史一書，不侷限在隸於有清一朝，而「起自隋代，終於割讓」；具有史家應有的史識。「草澤群雄，後先崛起」，作者非但不以島夷海寇視之，且能詳加記載；具有強烈的民族意識。

文章分析略表

臺灣通史序

- 史
  - 修史動機
    - 自然因素
      - 前提 —「臺灣固無史也」
      - 追敘 — 開闢、創建、經營
      - → 開物成務，於今三百餘年
    - 人爲因素
      - 舊志誤謬 — 僅記隸清一朝
      - 侷促一隅 — 無關全局，書又已舊
      - →「其被囿也亦巨矣」
    - 補敘
      - 初創時期「篳路藍縷，以啓山林」
      - 海通時期「外交兵禍，相逼而來」
      - 群雄時期「喋血山河，藉言恢復」
      - 建省時期「綱擧目張，百事俱作」
      - →「臺灣氣象一新矣」
    - 議論
      - 立論 — 歷史，民族精神，人群龜鑑
      - 擧例 —「郢書燕說」、「晉乘楚檮」
      - →「臺灣無史，豈非臺人之痛歟」
  - 修史困難
    - 前提 — 修史困難，修臺之史爲最
    - 原因 — 徵文困難、考獻困難，資料缺失
    - 感慨 — 若今不修，將有眞難者
    - → 臺灣無史昭示後人，豈非今日我輩之罪
  - 修史經過
    - 態度 —「兢兢業業，莫敢自遑」
    - 時間 —「十稔之間，撰成臺灣通史」
    - 體例 —「紀四、志二十四、傳六十、凡八十有八篇，表圖附焉」
    - 年代 —「起自隋代，終於割讓」
    - →「縱橫上下，鉅細靡遺」
  - → 「臺灣文獻於是乎在」
  - 勉勵之語
    - 追敘 — 祖先「渡大海，入荒陬，以拓植斯土」
    - 勉勵 —「惟仁惟孝、義勇奉公，以發揚種性」
    - →「不佞之幟」
- → 先王先民景命，實式憑之

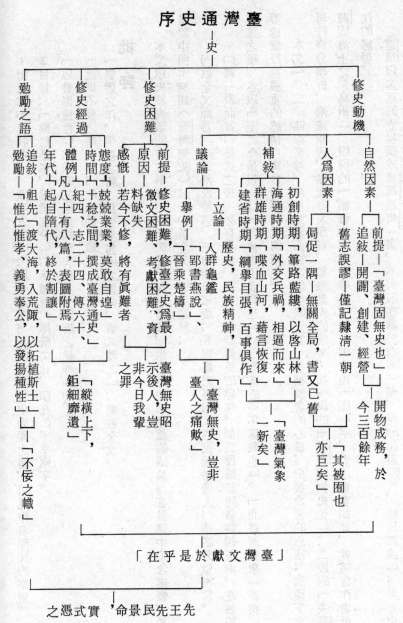

一六　世說新語五則

劉義慶

新亭對泣

過江諸人，每至美日，輒相邀新亭，藉卉飲宴。周侯中坐而歎曰：「風景不殊，正自有山河之異！」皆相視流涕。唯王丞相愀然變色曰：「當共勠力王室，克復神州，何至作楚囚相對！」

分析

世說新語，原名世說新書，南朝宋劉義慶所著。全書計分三十六篇；起自德行，終於仇隙，以類相從。書中記載東漢至東晉間高士的言行及軼聞瑣事；文字清俊簡麗，故事機趣橫生；描畫人物，細膩而深刻；頗富文學價值。

本則選自言語篇，敍寫過江諸人的苟且偷安、不事振作；突顯王導的積極奮發、忠愛君國。全文以「正自有山河之異」的「異」字爲線眼，敷陳河山之異、王導與衆人之異，寫盡當時苟安的心態。文分兩部：前部：敍當時的一般心態，爲王導之語預作前提，容下文再行翻案；如此敍寫，可收文意曲折、文氣暢盛之趣。文分兩節：

一、序言：

1.人物：「過江諸人」：晉懷帝永嘉五年，胡人劉聰攻陷洛陽；愍帝建興四年，劉曜又攻陷長安，中國北部盡爲胡人竊據。名門大戶，相率南渡長江，重建政治中心於建康。

2.時間：「每至美日」：「每」字，極寫過江諸人的縱情遊樂，寓含貶意。過江諸人縱情遊樂的原因有：

(1)身遭離亂之苦，精神無所寄託，只好縱情山水麻醉自己。

(2)渡過長江，尚能維持小康的局面；認爲恢復中原無望，於是苟且求生，不事振作。

3.地點：「輒相邀新亭」：「輒」字進一層補敍「每」字，將衆人的不顧君國，只求苟延殘喘的心態，描繪得相當透澈。

4.方式：「藉卉飮宴」：點出取樂方式，收情境一節。

首節以暗示的方式，藉衆人的縱情遊樂，隱寓當時偷安的情形。

二、心態：就衆人之中，舉周侯爲例，以對話的方式，敍說一般的心態，預爲下文王導立案。

1.過峽：「周侯中坐而歎」：承「藉卉飮宴」而來，以「中坐」點出當天宴會的主人—「周侯」。

2.心態：「風景不殊，正自有山河之異」：風景無異平日，國土却已淪落他人；家難國仇齊上心頭，感受自然有所不同。人人都知仇恨在身，却仍享樂苟安，誠爲不智。

「皆相視流涕」：明標衆人的心態，收束前部文字。

次節以明示的方式，藉周侯的歎語，敍寫當時偷安的無奈。

後部：承前部一般心態的立論，藉王導之語翻案，突顯主題。

一、過峽：「唯王丞相愀然變色」：破「周侯中坐而歎」；積極、消沈互映，趣味頓生。

二、主題：收束全文。

1.「當共戮力王室，克復神州」：破「風景不殊，正自有山河之異」：振作、苟安相對，令人動容。

2.「何至作楚囚相對」：破「皆相視流涕」：詰問、哀傷有別，頗收震撼的作用。左傳成公九年：「晉侯觀於軍府，見鍾儀，問之曰：『南冠而縶者誰也？』有司對曰：『鄭人所獻楚囚也。』」意指囚犯相對，除哭泣外，無計可施。

批評

就內容說

本文可分前後兩部，前部又分序言及對話兩節，說明當時一般的心態。後部是爲全文主旨所在；藉王導之語，刻意突顯作者的議論。

就章法說

一、除序言文字外，前部爲賓，後部爲主；賓以形主，用來突顯主題。前部只是襯托，後部才是旨趣所在；頗有烘暈之妙，意象非常鮮明。

二、前部文氣低沈，音節舒緩，似無生氣可言，呈現一幅感傷的畫面。後部文氣激昂而暢盛，音節急促而緊湊，令人心動不已。

三、「王丞相愀然變色」破「周侯中坐而歎」，「當共戮力王室，克復神州」破「風景不殊，正自有山河之異」，「何至作楚囚相對」破「皆相視流涕」；先立論後翻案，文章顯得機警有力、扣人心弦。

四、過江諸人以「每」字、「輒」字、「相」字，極寫縱樂的頻繁；以「愀然變色」突顯王導的不群；以

「皆」字與「唯」字對舉，更有「衆人皆濁我獨清」的懷抱；用字相當靈活。

文章分析略表

新亭對泣 — 異

- 序言
  - 人物 —「過江諸人」
  - 時間 —「每至每日」
  - 地點 —「輒相邀新亭」
  - —「藉卉飲宴」
- 立論
  - 過峽 —「周侯中坐而歎」
  - 心態 —「風景不殊，正自有山河之異」
  - —「皆相視流涕」
- 翻案
  - 過峽 —「唯王丞相愀然變色」
  - 主題
    - 「當共戮力王室」
    - 「何至作楚囚相對」
  - —「克復神州」

—「克復神州」

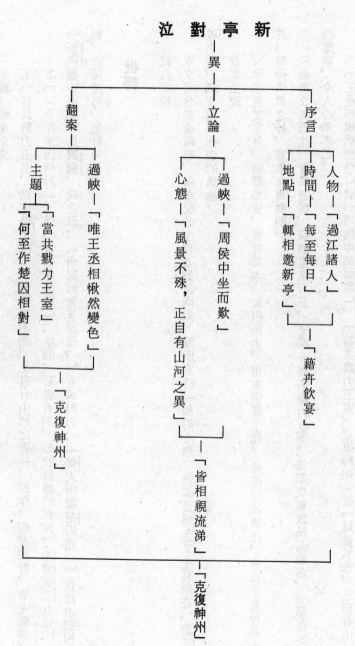

謝太傅講論文義

謝太傅寒雪日內集，與兒女講論文義。俄而雪驟，公欣然曰：「白雪紛紛何所似？」兄子胡兒曰：「撒鹽空中差可擬。」兄女曰：「未若柳絮因風起。」公大笑樂。

分析

比擬事物，貴在得體；所謂得體，除了配合文意之外，仍須力求貼切、美化；使議論更為精闢，意境更具詩趣。

本則以「講論文義」的「論」字為線眼；由謝安提出問題，兄子、兄女比擬回答；兩人反應立判高下。

一、時間、人物：「謝太傅寒雪日內集，與兒女講論文義」：本文以賦法平鋪直敘，起筆即入主題。

二、情境：「俄而雪驟」：「雪」字開啓下文的對話。

三、設問：「公欣然曰：白雪紛紛何所似」：承「雪」字而來，提出問題；「紛紛」二字，照應上文「驟」字。

四、回答：以比擬方式；文分兩層。

1. 兄子：「撒鹽空中差可擬」：鹽撒空中，白影點點，似乎已得雪趣；但却未能狀出「紛紛」的飄逸瀟灑。

意趣。

2. 兄女：「未若柳絮因風起」：柳絮隨風飄蕩，即點即起，沒有痕跡，不事膠著，頗有「紛紛」的

「公大笑樂」：照應「公欣然曰」句，收束全文。

批評

本文以層遞的方式，逐步深入文意，漸至佳境。雖然回答只有兩則；但因作者刻意漸進的安排，使短短文章，頗收曲折、頓挫的美。

「未若柳絮因風起」，不但在意境上勝過「撒鹽空中差可擬」，而且在思想上，已有超然物外，不受俗事牽累的情懷，頗有蘇軾和子由詩：「人生到處知何似，應似飛鴻踏雪泥；泥上偶然留指爪，鴻飛那復計東西」的意境。

文章分析略表

謝太傅講論文義

- 論
  - 序言
    - 時間—「謝太傅寒雪日內集」
    - 人物—「與兒女講論文義」
  - 情境—「俄而雪驟」
  - 設問—「白雪紛紛何所似」
  - 回答
    - 兒子—「撒鹽空中差可擬」
    - 兒女—「未若柳絮因風起」
- —「公大笑樂」

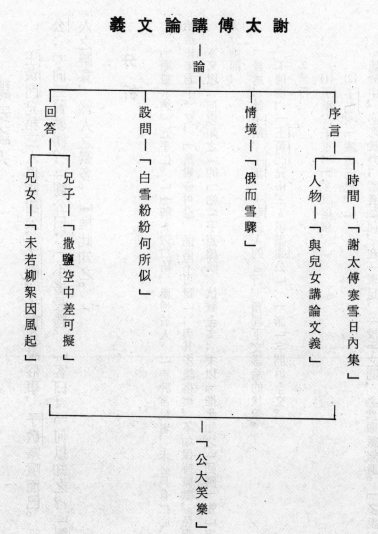

謝安論人

王黃門兄弟三人俱詣謝公，子猷、子重多說俗事，子敬寒暄而已。旣出，坐客問謝公：「向三賢孰勝？」謝公曰：「小者最勝。」客曰：「何以知之？」謝公曰：「『吉人之辭寡，躁人之辭多。』推此知之。」

分析

「剛毅木訥，近乎仁。」「禦人以口給，屢憎於人。」善於言說者，未必具有仁心；惟有裏外相符，始是彬彬君子。又，「萬般皆可忍，惟俗不可耐」；與其多談俗事，不如保持緘默，免得墜入庸俗之中。本文以「何以知之」的「知」字爲線眼，伏脈全文；末以「推此知之」回應「知」字，並總結全文。

文分兩部：

一、敍述：就子猷、子重、子敬三人的言行，預埋下文議論的伏筆。

1. 情境：「王黃門兄弟三人俱詣謝公」：「詣」字開啓全文。

2. 言行：

(1) 子猷、子重：「多說俗事。」

(2) 子敬：「寒暄而已。」

蘊於中，必形於外；素養如何，在一舉足、一投手之間，必然顯露無遺。「多說俗事」與「寒暄而已」，已寓雅、俗之分，爲下文的議論埋下伏筆。

二、議論：

1. 批評：

(1) 設問：「向三賢孰勝」：承上文言行而來。

(2) 回答：「小者最勝」：明指子敬。「寒喧而已」，謝公却評爲最勝；文意懸宕，逼出下文解說一節。

2. 解說：

(1) 設問：「何以知之」：承批評而來。

(2) 回答：「吉人之辭寡，躁人之辭多」：全文主旨所在，點出作者心中旨意。周易繫辭傳下：「將叛者其辭慚，中心疑者其辭枝」、「誣善之人其辭游，失其守者其辭屈」，疏：「吉人之辭寡者，以其吉善辭直，故辭寡也。躁人之辭多者，以其煩躁，故其辭多也。」「吉人」暗指子敬，「躁人」暗指子猷、子重。

「推此知之」：回應「知」字，總收全文。

批評

本文先敘後議，著墨在「吉人之辭寡，躁人之辭多」一句文字上；以「知」字論評人物，前後呼應，文章也能緊湊圓合。

「吉人之辭寡」；因爲「君子坦蕩蕩」，沒有不可告人者；言行合乎規矩，不須另行矯飾。「躁人之辭多」，因爲小人不能居仁由義，言行有違規矩，必須時時提防他人發現，隨時自圓其說，因此語多而常感戚戚。

文章分析略表

謝安論人

- 知
  - 敘
    - 情境「王黃門兄弟三人俱詣謝公」
    - 言行
      - 子猷、子重——「多說俗事」
      - 子敬——「寒暄而已」
  - 議
    - 批評
      - 設問——「向三賢孰勝」
      - 回答——「小者最勝」
    - 解說
      - 設問——「何以知之」
      - 回答——「吉人之辭寡，躁人之辭多」
  - ——「推此知之」

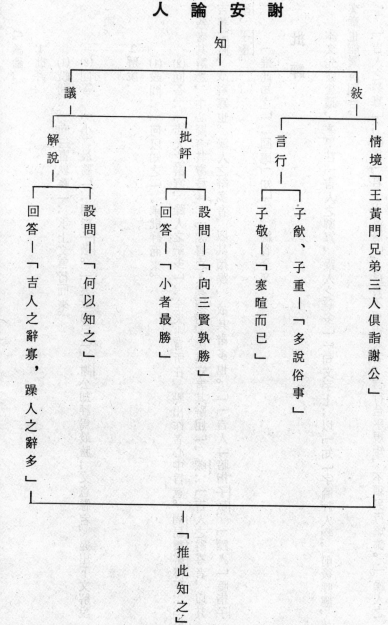

絕妙好辭

魏武嘗過曹娥碑下，楊修從。碑背上見題作「黃絹幼婦外孫韲臼」八字。魏武謂修曰：「解不？」答曰：「解。」魏武曰：「卿未可言，待我思之。」行三十里，魏武乃曰：「吾已得。」令修別記所知。修曰：「『黃絹』，色絲也；於字爲『絕』。『幼婦』，少女也；於字爲『妙』。『外孫』，女子也；於字爲『好』。『韲臼』，受辛也；於字爲『辤』：所謂『絕妙好辭』也。」魏武亦記之，與修同。乃歎曰：「我才不及卿，乃覺三十里。」

分析

楊修素負才學，與曹植過從甚密；曹操雖然自許，但在楊修面前，也不得不屈服。曹操坦承才學不及楊修，絲毫不加矯飾，確實難能可貴。

本文以「我才不及卿」的「才」字爲線眼，藉「解」字穿梭全文，突顯「才」字。

一、情境：

1. 人事：「魏武嘗過曹娥碑下，楊修從」：點出人物—魏武、楊修，經過—「過曹娥碑」。曹娥，東漢上虞孝女。父親溺死，屍體散失。曹娥當時年僅十四歲，晝夜沿江嚎哭，經過一旬又七天，也投江自殺了。桓帝元嘉時，縣令度尚爲她立碑，邯鄲淳爲她作誄辭。

2. 碑文：「碑背上見題作黃絹幼婦外孫韲臼八字」：蔡邕嘗讀曹娥碑文，題此八字於碑後。此八字開啓全文。

二、隱寓才學的高下：

1. 楊修：「魏武謂修曰：解不？答曰：解」：楊修見了碑文，馬上了解含意。

2. 魏武：「魏武曰：卿未可言，待我思之」：曹操不解，猶待思考。

3. 批評：「行三十里，魏武乃曰：吾已得」：以「三十里」隱寓才學的高下。

三、解說碑文：插敍，是爲全文旨意所在。

1. 絕：「黃絹，色絲也；於字爲絕。」

2. 妙：「幼婦，少女也；於字爲妙。」

3. 好：「外孫，女子也；於字爲好。」

4. 辭：「韲臼，受辛也；於字爲辤。」

「所謂絕妙好辭也」：收解說碑文一節。

四、明示才學的高下：

「我才不及卿，乃覺三十里」：總收全文。

批評

本文以「才」字爲經，以「解」字爲緯，襯托魏武與楊修才學的高下；不直言魏武不及楊修，却以「三十里」代替批評，文章頗有含蓄的趣味。

批評兩者才學的高下，先隱寓後明示，文中間以解說，旣無鬆散之弊，也能交待清楚，誠屬善於佈局。

文章分析略表

絕妙好辭

- 才
  - 情境
    - 人、事 —「魏武嘗過曹娥碑下，楊修從」
    - 碑文 —「碑背上見題作黃絹幼婦外孫虀臼八字」
  - 隱寓
    - 楊修 —「魏武謂修曰：解不？答曰：解」
    - 魏武 —「魏武曰：卿未可言，待我思之」
    - —「行三十里，魏武乃曰：吾已得」
  - 解說（插敍）
    - 絕 —「黃絹，色絲也；於字爲絕」
    - 妙 —「幼婦，少女也；於字爲妙」
    - 好 —「外孫，女子也；於字爲好」
    - 辭 —「虀臼，受辛也；於字爲辤」
    - —「所謂絕妙好辭也」
- —「我才不及卿，乃覺三十里」（明示）

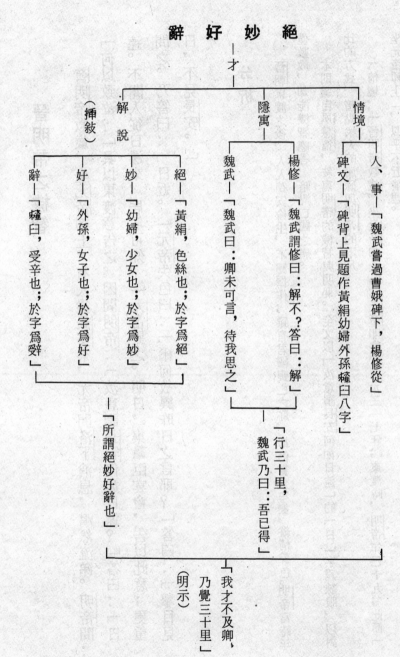

晉明帝之機智

晉明帝數歲，坐元帝厀上。有人從長安來，元帝問洛下消息，潸然流涕。明帝問：「何以致泣？」具以東渡意告之。因問明帝：「汝意謂長安何如日遠？」答曰：「日遠。不聞人從日邊來，居然可知。」元帝異之。明日，集羣臣宴會，告以此意；更重問之。乃答曰：「日近。」元帝失色曰：「爾何故異昨日之言耶？」答曰：「舉目見日，不見長安。」

分析

晉朝東渡之後，人人苟安偷生，不圖振作；雖有君國喪亡之恥，却仍宴會笙樂，縱情聲色。明帝當時年僅數歲，却能機智應答，暗點亡國之痛。

本則選自夙慧篇，敍寫明帝的機智與明恥。全文以「汝意謂長安何如日遠」的「日」字爲線眼，以對比的方式，暗點衆人的庸碌與明帝的不凡。

一、情境：「晉明帝數歲，坐元帝厀上」：元帝卽位於西元三一七年；東渡時，明帝年已十九；此節「坐元帝厀上」，似乎不近情理。

二、敍述：描寫當時天下的大勢，點出晉朝東渡的感傷。

1.局勢：「有人從長安來，元帝問洛下消息，潸然流涕」：藉「有人從長安來」，帶出天下大勢，以閒筆勾出世局，文字頗爲活潑。「潸然流涕」句，點出家破國亡的感傷。

2.感傷原因：

(1)設問：「何以致泣」：承上文「潸然流涕」而來，是爲文章的過峽。

(2)回答：「具以東渡意告之」：此句開啓全文。「具」字照應「潸然流涕」，將君國喪亡、東渡苟安的無奈，盡數傾吐而出，情感頗爲激切。

三、議論：前後兩節對舉，襯出明帝的機智。

1.日遠：

(1)設問：「汝意謂長安何如日遠？」

(2)回答：「日遠。」

(3)補敍：「不聞人從日邊來，居然可知」：承「日遠」二字，稍加解說。「居然」二字，極爲明帝判斷的輕易。

「元帝異之」：收日遠一節文字，開啓下文。

2.日近：

(1)情境：「明日，集群臣宴會，告以此意」：承上文而來，誇說明帝的智慧。

(2)回答：「日近」：照應上文「日遠」二字，故意懸宕文意，逼使讀者注意。

(3)設問：「爾何故異昨日之言耶」、「故」字暗點明帝的機智。

(4)補敍：「舉目見日，不見長安」：推論似是閒筆，但已寓含君國東渡的感傷。

批評

「日遠」，就實際距離而言；「日近」，就心靈感受而言。晉朝東渡之後，中原盡爲胡人所有；有志之士，時思效力驅馳；但王室偷安，衆人渾噩，因此明帝言論一出，頗有震撼人心的功用。

本文在敍寫上，時常運用閒筆表達意象；文字表面似乎平淡無奇；但如細加品味，將是字字血淚、令人落淚流涕。以閒筆舖陳嚴肅的主題，可使文字活潑而富機趣。

用字簡潔，可使文字清新、順暢，文意深刻、含蓄。如本文「元帝問洛下消息」句，作者不加贅言，直敍「潸然流涕」，不但意象鮮明曉然，而且文意也多深刻、雋永。

文章分析略表

晉明帝之機智

- 日
  - 情境—「晉明帝數歲，坐元帝厀上」
  - 敍述
    - 局勢—「有人從長安來，元帝問洛下消息，潸然流涕」
    - 感傷
      - 設問—「何以致泣」。
      - 回答—「具以東渡意告之」
  - 議論
    - 日遠
      - 設問—「汝意謂長安何如日遠」
      - 回答—「日遠」
      - 補敍—「不聞人從日邊來，居然可知。」
      - —「元帝異之」
    - 日近
      - 情境—「明日，集群臣宴會，告以此意」
      - 回答—「日近」
      - 設問—「爾何故異昨日之言耶」
      - 補敍—「舉目見日，不見長安」
      - —「元帝失色」
  - —「舉目見日，不見長安」

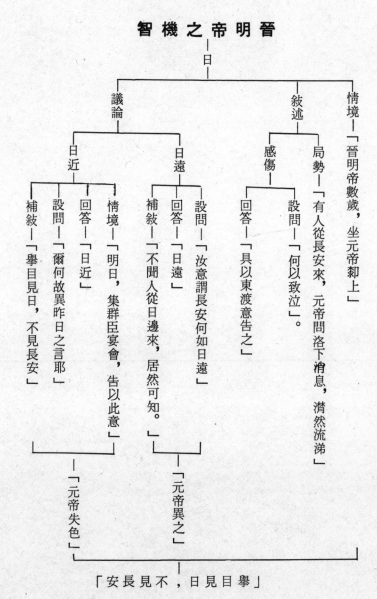

一七　劉老老

紅樓夢

這日天氣清朗，李紈清晨起來，看著老婆子、丫頭們掃那些落葉，並擦抹桌椅，預備茶酒器皿。祇見豐兒帶了劉老老、板兒進來，說：「大奶奶倒忙的緊。」李紈笑道：「我說你昨兒去不成，祇忙著要去。」劉老老笑道：「老太太留下我，叫我也熱鬧一天去。」豐兒拿了幾把大小鑰匙，說道：「我們奶奶說了：外頭的高几兒怕不夠使，不如開了樓，把那收的搬下來使一天罷。奶奶原該親自來的，因和太太說話呢。請大奶奶開了，帶著人搬罷。」李紈便命素雲接了鑰匙，又命婆子出去，把二樓上小廝叫幾個來，李紈站在大觀樓下，往上看著，命人去開了綴錦閣，一張一張的往下擡。小廝、老婆子、丫頭，一齊動手，擡了二十多張下來。李紈道：「好生著！別慌慌張張，鬼趕著似的！仔細掽了牙子！」又回頭向劉老老笑道：「老老也上去瞧瞧。」劉老老聽說，巴不得一聲兒，拉了板兒，登梯上去；這裏面，祇見黑壓壓的，堆著些圍屏、桌、椅、大小花燈之類，雖不大認得，祇見五彩閃灼，各有奇妙；念了幾聲佛，便下來了。然後鎖上門一齊下來。李紈道：「恐怕老太太高興，越發把船上划子、篙、槳、遮陽幔子，都搬下來預備著。」衆人答應，又復開了門，色色的搬了下來，命小廝傳駕娘們，到船隖裏撐出兩隻船來。

正亂著，祇見賈母已帶了一羣人進來了，李紈忙迎上去，笑道：「老太太高興，倒進來了；我祇當還沒有梳頭呢，纔掐了菊花要送去。」一面說，一面碧月早已捧過一個大荷葉式的翡翠盤子來，裏面養著各色折枝菊花。賈母便揀了一朵大紅的，簪在鬢上；因回頭看見了劉老老，忙笑道：「過來帶花兒。」一語未完，鳳姐兒便拉過劉老老來，笑道：「讓我打扮你老人家！」說著把一盤子花，橫三豎四的挿了一頭。賈母和衆人笑的了不得。劉老老笑道：「我這頭也不知修了什麼福，今兒這樣體面起來！」衆人笑道：「你還不拔下來摔到他臉上呢！把你打扮的成了老妖精了！」劉老老笑道：「我雖老了，年輕時也風流，愛個花兒粉兒的，今兒索性做個老風流！」

說笑間，已來至沁芳亭上，丫鬟們抱了個大錦褥子來，鋪在闌干榻板上，賈母倚闌坐下，命劉老老也坐在旁邊。因問他：「這園子好不好？」劉老老念佛，說道：「我們鄉下人到了年下，都上城來買畫兒貼。閒了的時候兒，大家都說：怎麼得到畫兒上逛逛！想著畫兒也不過是假的，那裏有這個眞地方兒？誰知今兒進這園裏一瞧，竟比那畫兒還强十倍！怎麼得有人也照著這園子畫一張，我帶了家去，給他們見見，死了也得好處！」賈母聽說，指著惜春笑道：「你瞧，我這個小孫女兒，他就會畫，等明兒叫他畫一張，如何？」劉老老聽了，喜的忙跑過來拉著惜春，說道：「我的姑娘！你這麼大年紀兒，又這麼個好模樣兒，還有這個能幹，別是個神仙託生的罷！」

賈母衆人都笑了。歇了歇，又領著劉老老都見識見識。先到了瀟湘館，一進門，衹見兩邊翠竹夾路，土地下蒼苔布滿，中間羊腸一條石子漫的甬路，劉老老讓出路來與賈母衆人走，自己卻走土地。琥珀拉他道：「老老，你上來走，看青苔滑倒了！」劉老老道：「不相干，我們走熟了的。姑娘們只管走罷，可惜你們的那鞋，別沾了泥！」他衹顧上頭和人說話，不防脚底下果驪滑了，咕咚一交跌倒，衆人都拍手呵呵的大笑。賈母笑罵道：「小蹄子們！還不攙起來，衹站著笑！」說話時，劉老老已爬起來了，自己也笑了，說道：「纔說嘴，就打了嘴了！」賈母問他：「可扭了腰？叫丫頭們搥搥。」劉老老道：「那裏說的我這麼嬌嫩了？那一天不跌兩下子，都要搥起來，還了得呢！」紫鵑早打起湘簾；賈母等進來坐下。黛玉親自用小茶盤捧了一蓋碗茶來奉與賈母。王夫人道：「我們不吃茶，姑娘不用倒了。」黛玉聽說，便命丫頭把自己窗下常坐的一張椅子挪到下手，請王夫人坐了。劉老老因見窗下案上設著筆硯，又見書架上放著滿滿的書，便問道：「這必定是那位哥兒的書房了？」賈母笑指黛玉道：「這是我這外孫女兒的屋子。」劉老老留神打量了黛玉一番，方笑道：「這那裏像個小姐的繡房，竟比那上等的書房還好！」賈母因問：「寶玉怎麼不見？」衆丫頭們答說：「在池子裏船上呢。」賈母道：「誰又預備下船了？」李紈忙回說：「才開樓拏的。我恐怕老太太高興，就預備下了。」賈母聽了，方欲說話時，有人回說：「姨太太來了。」賈母等剛站起來，祇見薛姨媽早進來了。一面歸坐，笑道：「今兒老太太高興，這早晚就來了？」賈母笑道：「我才說來遲了的要罰他，不想姨太太就來遲了！」

說笑一回，賈母因見窗上紗顏色舊了，便和王夫人說道：「這個紗，新糊上好看，過後就不翠了。這院子裏頭又沒有個桃杏樹，這竹子已是綠的，再拏綠紗糊上，反倒不配。我記得咱們先有四五樣顏色糊窗的紗呢，明兒給他把這窗上的換了。」鳳姐兒忙道：「昨兒我開庫房，看見大板箱裏還有好幾疋銀紅蟬翼紗——也有各樣折枝花樣的，也有流雲蝙蝠花樣的，也有百蝶穿花花樣的，顏色又鮮，紗又輕輭。我竟沒見這個樣的，拏了兩疋出來做兩牀綿紗被，想來一定是好的。」賈母聽了，笑道：「呸！人人都說你沒有沒經過沒見過的，連這個紗還不認得，明兒還說嘴！」薛姨媽等都笑說：「憑他怎麼經過見過，如何敢比老太太呢？老太太何不敎導了他，連我們也聽聽。」鳳姐兒也笑說：「好祖宗，敎給我罷！」賈母笑向薛姨媽衆人道：「那個紗比你們的年紀還大呢！怪不得他認做蟬翼紗，原也有些像，不知道的都認做蟬翼紗，正經名字叫『輭煙羅』。」鳳姐笑道：「這個名兒也好聽；祇是我這麼大了，紗羅也見過幾百樣，從沒聽見過這個名色。」賈母笑道：「你能活了多大？見過幾樣東西？就說嘴來了。那個『輭煙羅』祇有四樣顏色：一樣雨過天青，一樣秋香色，一樣松綠的，一樣就是銀紅的。要是做了帳子，糊了今上用的府紗，也沒有這樣輭厚輕密的了。」薛姨媽笑道：「別說鳳丫頭沒見，連我也沒聽見過。」鳳姐兒一面說話，早命人取了一疋來了。賈母說：「可不是這個？先時原不過是糊窗屜；後來我們拏這個做被、做帳子，試試也竟好。明兒就找出幾疋來，拏銀紅的替他糊窗子。」鳳姐答應著。衆人看了，都稱讚不已。劉老老也覷著眼看，口裏不住的念佛，說道：「我們想做衣裳也不能，拏著糊窗子，豈不可惜？」賈母道：「倒是做衣裳不好看。」鳳姐忙把自己身上穿的一件大紅綿紗襖的襟子拉出來，向賈母、薛姨媽道：「看我的這襖兒。」賈母、薛姨媽都說：「這也是上好的了。這是如今上用內造的，竟比不上這個。」鳳姐兒道：「這個薄片子還是說內造上用呢，竟連這個官用的也比不上啊。」賈母道：「再找一找，祇怕還有；要有就都拏出來，送這劉親家兩疋。有雨過天青的，我做一個帳子掛上。剩的配上裏子，做些夾坎肩兒給丫頭們穿，白收著霉壞了！」鳳姐兒忙答應了，仍命人送去。

賈母便笑道：「這屋裏窄，再往別處逛去罷。」劉老老笑道：「人人都說：『大家子住大房。』昨兒見了老太太正房，配上大箱、大櫃、大桌子、大牀，果然威武。那櫃子比我們一間房子還大、還高。怪道後院子裏有個梯子，我想又不上屋曬東西，預備這梯子做甚麼？後來我想起來，定是爲開頂櫃，取東西。離了那梯子，怎麼上得去呢？如今又見了這小屋子，更比大的越發齊整了，滿屋裏東西，都祇好看，可不知叫什麼。我越看越捨不得離了這裏！」鳳姐道：「還有好的呢，我都帶你去瞧瞧。」說著一徑離了瀟湘館。遠遠望見，池中一羣人在那裏撐船。賈母道：「他們旣備下船，咱們就坐一回。」說著，向紫菱洲、蓼溆一帶走來。未至池前，祇見幾個婆子手裏都捧著一色攝絲戧金五彩大盒子走來。鳳姐忙問王夫人：「早飯在那裏擺？」王夫人道：「問老太太在那裏，就在那裏罷了。」賈母聽說，便回頭道：「你三妹妹那裏好，你就帶了人擺去，我們從這裏坐了船去。」

鳳姐兒聽說，便回身同了李紈、探春、鴛鴦、琥珀，帶著端飯的人等，抄著近路，到了秋爽齋，就在曉翠堂上調開桌案。鴛鴦笑道：「天天咱們說，外頭老爺們，吃酒吃飯，都有個湊趣兒的，拏他取笑兒。咱們今兒也得了一個女清客了！」李紈是個厚道人，倒不理會。鳳姐兒卻知說的是劉老老了。笑道：「咱們今兒就拏他取個笑兒。」二人便如此這般商議。李紈笑勸道：「你們一點好事兒不做！又不是個小孩兒，還這麼淘氣。仔細老太太說！」鴛鴦笑道：「很不與大奶奶相干，有我呢。」正說著，祇見賈母等來了，各自隨便坐下。先有丫鬟挨人遞了茶來。大家吃畢，鳳姐手裏拏著西洋布巾，裹著一把烏木三鑲銀箸，按席擺下。賈母說：「把那一張小楠木桌子擡過來，讓劉親家挨著我這邊坐。」衆人聽說，忙擡了過來。鳳姐一面遞眼色與鴛鴦，鴛鴦便忙拉劉老老出去，悄悄的囑咐了劉老老一席話；又說：「這是我們家的規矩，若要錯了，我們就笑話呢。」調停已畢，然後歸坐。薛姨媽是吃過飯來的，不吃了，祇坐在一邊吃茶。賈母帶著寶玉、湘雲、黛玉、寶釵一桌。王夫人帶著迎春姐妹三人一桌。劉老老挨著賈母一桌。賈母素日吃飯，皆有小丫鬟在旁邊拏著漱盂麈尾、巾帕之物。如今鴛鴦是不當這差的了，今日偏接過麈尾來拂著。丫鬟們知他要捉弄劉老老，便躲開讓他。鴛鴦一面侍立，一面遞眼色。劉老老道：「姑娘放心。」那劉老老入了坐，拏起箸來，沈甸甸的，不伏手。原是鳳姐和鴛鴦商議定了，單拏了一雙老年四楞象牙鑲金的筷子與劉老老。劉老老見了，說道：「這個叉巴子，比我們那裏的鐵掀還沈。那裏拏的動他！」說的衆人都笑起來。祇見一個媳婦，端了一個盒子，站在當地；一個丫鬟上來揭去盒蓋，裏面盛著兩碗菜，李紈端了一碗放在賈母桌上，鳳姐偏揀了一碗鴿子蛋放在劉老老桌上。賈母這邊說聲「請」，劉老老便站起身來，高聲說道：「老劉！老劉！食量大如牛；吃個老母豬不擡頭！」說完，卻鼓著腮幫子，兩眼直視，一聲不語。衆人先還發怔，後來一想，上上下下都一齊哈哈大笑起來。湘雲撐不住，一口飯都噴出來。黛玉笑岔了氣，伏著桌子，口叫「噯喲！」寶玉滾到賈母懷裏；賈母笑的摟著寶玉叫「心肝！」王夫人笑的用手指著鳳姐兒，卻說不出話來。薛姨媽也撐不住，口裏的茶，噴了探春一裙子。探春手裏的飯碗，都合在迎春身上。惜春離了坐位，拉著他的奶母，叫揉揉腸子。地下無一個不彎腰屈背，也有躲出去蹲著笑去的，也有忍著笑，上來替她姐妹換衣裳的。獨有鳳姐、鴛鴦二人撐著，還祇管讓劉老老。劉老老拏起箸來，祇覺不聽使，又道：「這裏的雞兒也俊，下的這蛋也小巧，怪俊的。我且得一個兒！」衆人方住了笑，聽見這話，又笑起來。賈母笑的眼淚出來，祇忍不住，琥珀在後邊搥著。賈母笑道：「這定是鳳丫頭捉狹鬼兒鬧的！快別信他的話了！」那劉老老正誇雞蛋小巧，鳳姐兒笑道：「一兩銀子一個呢，你快嘗嘗罷；冷了就不好吃了。」劉老老便伸筷子要夾，那裏夾得起來。滿碗裏鬧了一陣，好容易撮起一個來，纔伸著脖子要吃，偏又滑下來，滾在地下；忙放下筷子，要親自去拾，早有地下的人拾了出去了。劉老老歎道：「一兩銀子，也沒聽見個響聲兒就沒了！」衆人已沒心吃飯，都看著他取笑。賈母又說：「誰這會子又把那個筷子拏了出來？又不請客，擺大筵席，都是鳳丫頭支使的。還不換了呢！」地下的人原不曾預備這牙箸，本是鳳姐同鴛鴦拏了來的，聽如此說，忙收了過去，也照樣換上一雙烏木鑲銀的。劉老老道：「去了金的，又是銀的：到底不及俺們那個伏手。」鳳姐兒道：「菜裏要有毒，這銀子下去了，就試的出來。」劉老老道：「這個菜裏有毒？我們那些都成了砒霜了！那怕毒死了，也要吃盡了！」賈母見他如此有趣，吃的又香甜，把自己的菜也都端過來與他吃；又命一個老嬤嬤來，將各樣的菜給板兒夾在碗上。一時吃畢，賈母等都往探春臥室中去閒話。

分析

劉老老一文，節錄自紅樓夢第四十回「史太君兩宴大觀園，金鴛鴦三宣牙牌令」中，有關劉老老的一段文字。劉老老是一位清純、樸質的鄉下婦女，以活潑、風趣的言行擧止，爲豪華奢侈的賈府，加進了一些清新的氣息；以慧黠、詼諧的對話，使富貴顯達的賈府，得以暫時擺脫繁雜的俗務。作者運用細膩的筆法，把文中每位人物的性格呈現在讀者眼前，確實難得。

以鄉下的婦女與豪華的賈府對擧，隱含「富貴」兩字作爲線眼，將賈府的奢侈突顯出來，是爲本文的主旨所在。作者表面上雖然極寫賈府的富豪，實際上却寄寓勸誡的深意；希望後人能夠記取教訓，自求多福。

曹雪芹在紅樓夢卷首嘗言：「今風塵碌碌，一事無成，忽念及當日所有之女子，一一細考較去，擧其行止見識，皆出我之上。何我堂堂鬚眉，誠不若彼裙釵女子？實愧則有餘，悔又無益，是大無可如何之日也。當此，則自欲將已往所賴天恩祖德，錦衣紈袴之時，飫甘饜肥之日，背父母教育之恩，負師友規訓之德，以致今日一技無成、半生潦倒之罪，編述一集，以告天下人。我之罪固不免，然閨中本自歷歷有人，萬不可因我之不肖，自護已短，一併使其泯沒。」文分數層：

第一組：敍大觀樓：以綴錦閣的傢俱與賈母的簪花妝飾，突顯賈府的豪富。

一、敍綴錦閣：以傢俱作爲具體的鋪述。

㈠情境：「這日天氣清朗……預備茶酒器皿」：點出天氣，預爲下文敍述埋了伏筆。

「祇見豐兒帶了劉老老……祇忙著要去」：從「我說你昨兒去不成」句，可知本文前有所承。

「劉老老笑道：老太太留下我，叫我也熱鬧一天去」：總啓全文；本文由此句引發。

㈡搬運傢俱：

1. 搬運原因：「豐兒拿了幾把大小鑰匙……帶著人搬吧」：由於「外頭的高几兒怕不夠使。」
2. 搬運情形：「李紈便命素雲接了鑰匙……一張一張的往下擡」：由上往下擡。
3. 搬運人物：「小斯……擡了二十多張下來」：由小斯、老婆子、丫頭等人一齊動手。

㈢入綴錦閣：

1. 人物：「又回頭向劉老老笑道：老老也上去瞧瞧」：劉老老及李紈一同上去。
2. 入閣情形：「劉老老聽說……登梯上去」：極寫劉老老好奇而欲探究竟的渴切心情。
3. 閣內景物：「這裏面……然後鎖上門一齊下來」：藉五彩閃灼的物品，暗示賈府的富豪。

「李紈道：恐怕老太太高興……都搬下來預備著」：先提「老太太」句，爲下文預作張本；以船上必需用品，襯托賈府的富有；「划子、篙、槳」句，爲下文的撐船遊樂埋下伏筆。

「衆人答應……到船隖裏撐出兩隻船來」：收一段文字。

二、敍簪花妝飾：以賈母爲襯，劉老老爲主，狀其活潑輕鬆的情形。

「正亂著，祇見賈母已帶了一群人進來了」：承上文而來。

㈠賈母情形：

1. 李紈寒喧：「李紈忙迎上去……纔掐了菊花要送去」：將賈母地位的崇高，與李紈的唯唯諾諾，很清晰的表露出來；暗示古代社會尊卑有序的嚴格情形。
2. 賈母簪花：「一面說……簪在頭上」：碧月侍候、翡翠器皿、各色菊花，在在突顯賈母地位的崇高，與賈府的豪富。

㈡劉老老情形：

1.簪花原因：「因回頭看見了劉老老……過來帶花兒」：由於賈母的好意。

2.簪花情形：「一語未完……讓我來打扮你老人家」：由鳳姐侍候；鳳姐的慧黠、捉弄個性，表露無遺。

3.簪花扮相：「說著把一盤子花，橫三豎四的插了一頭」：被鳳姐捉弄的樣子。

4.感受：

(1)衆人笑鬧：「賈母和衆人笑的了不得。」

(2)劉老老：「我這頭也不知修了什麼福，今兒這樣體面起來」：明知被人捉弄，却仍笑臉迎人，詼諧幽默，這就是作者塑繪劉老老最可貴的造型。惟有歷盡人世滄桑，才能洞澈人生眞義，發現人性光明的一面；劉老老被捉弄了，不但不生氣，反而與人一起笑鬧；這是眞能欣賞、享受人生意義的人。

「你還不拔下來摔到他臉上呢！把你打扮的成了老妖精了」：藉衆人之口，補述上文的扮相。「摔到他臉上」與「這樣體面起來」對舉，更能突顯劉老老的豁達。

「我雖老了……今兒索性做個老風流」：進一層表現詼諧而坦然的心胸；收束本段文字。

第二組：敍沁芳亭；突顯賈府的豪富。

一、地點：「說笑間，已來至沁芳亭」：文章的過峽。

二、位置：「丫鬟們抱了個大錦褥來……命劉老老也坐在旁邊」：賈母、劉老老在沁芳亭的位置；「大錦褥子」、「鋪在闌干榻板」，暗點豪富。

三、設問：「這園子好不好」：夸飾富有。

四、感想：「劉老老念佛……死了也得好處」：避開正面的回答，以圖畫襯出沁芳亭的美好，更能見出該地景物的優美。在難於描摩，或圖繪不能盡致處，以襯托的方式鋪敘，將能收到意象鮮明、主題明確的效果。

「賈母聽說……如何」：劉老老即興的贊美語，賈母却也當眞，可見劉老老確能打動賈母的心意，贏得賈母的歡心。

「劉老老聽了……別是個神仙託生的罷」：又是一陣恭維，難怪賈府上下都喜歡與她接近；收束本段文字。

第三組：敍瀟湘館：以林黛玉的閨房，突顯賈府的豪富。

一、沿途：

「賈母衆人都笑了……又領著劉老老都見識見識」：承上文而來，是爲文章的過峽。

「先到了瀟湘館」：點出地點。

㈠兩邊景物：「一進門……土地下蒼苔布滿」：以翠竹、蒼苔、具體描繪此地的景觀。

㈡中間通道：「中間羊腸一條石子漫的甬路」：爲下文的行走情形預作張本；因爲羊腸小道，所以劉老老才須走在土地上而滑倒。

㈢行走情形：

1. 讓出路來：「劉老老讓出路來與賈母衆人走，自己却走土地」：暗示劉老老淸純的一面——爲人設想。

「琥珀拉他道……看青苔滑倒了」：以琥珀的關懷，襯出劉老老頗受衆人的喜歡。

「不相干……別沾了泥」：「我們走熟了的」，暗點身分——鄉下婦女；「別沾了泥」，呈顯淸純的心地。

2. 滑倒：

(1)原因：「他祇顧上頭和人說話。」

(2)情形：「不防腳底下果躧滑了，咕咚一交跌倒」：將劉老老只顧和人說話，而不小心走路的情形，敘寫得相當生動。

(3)感受：

a衆人：「都拍手呵呵的大笑」：暗示衆人把劉老老當小丑看。

b賈母：「小蹄子們……祇站著笑」：憐惜劉老老。

c劉老老：「說話時……就打了嘴了」：自我解嘲，又是豁達的表現。

「可扭了腰？叫丫頭們搥搥」：設問。

「那裏說的我這麼嬌嫩了……還了得呢」：收束上文；暗點身分的卑賤。

二、館內：

「紫鵑早打起湘簾；賈母等進來坐下」：文章的過峽。

㈠寒喧：

「黛玉親自用小茶盤捧了一蓋碗茶來奉與賈母」：點出瀟湘館的主人。

「王夫人道：我們不吃茶，姑娘不用倒了」：帶出王夫人。

「黛玉聽說……請王夫人坐了」：收寒喧一節。

㈡擺設：藉劉老老突顯賈府的富有。

1. 設問：

「劉老老因見窗下案上設著筆硯，又見書架上放著滿滿的書」：藉劉老老的觀察，交待文章的情節；以筆硯、書架暗示林黛玉的文才；爲下文劉老老的設問點出原因。

「這必定是那位哥兒的書房了」：藉劉老老之口設問，懸宕文勢，爲下文蓄積文氣。

2. 回答：「這是我這外孫女兒的屋子」：點出主人，並明標賈母與林黛玉的關係。

3. 批評：「劉老老留神打量了黛玉一番……竟比那上等的書房還好」：藉劉老老之口，突顯賈府的富有。

㈢環視屋內：賈母從笑鬧中回到現實，詢問寶玉的去處。

1. 設問：「寶玉怎麽不見」：暗示賈母疼愛寶玉。

2. 回答：「在池子裏船上呢」：點出寶玉所在。

3. 設問：「誰又預備下船了」：故意懸宕文氣，並照應上文。

4. 回答：「才開樓拏的……就預備下了」：照應首段「恐怕老太太高興」句。

賈母因寶玉不見，而一再的追問，可知寶玉被寵愛的程度。

「賈母聽了，方欲說話時……不想姨太太就來遲了」：帶出姨太太，爲下文的閒話家常預作張本。

㈣閒話家常：以「輭煙羅」爲題，突顯賈府的豪富。

「說笑一回」：承接上文而來。

「賈母因見窗上紗顏色舊了」：開啓本段文字，暗點下文「輭煙羅」。

1. 序言：以顏色搭配與式樣多種突顯賈府的富有，並爲「輭煙羅」埋下伏筆，待下文才行點出，使文氣更爲暢盛。

(1) 顏色搭配：

a 本質：「這個紗……過後就不翠了。」

b 搭配：「這院子裏頭又沒有個桃杏樹……反倒不配。」

從講究顏色的搭配中，襯托賈府的富有。

「我記得咱們先有四五樣顏色糊窗的紗呢，明兒給他把這窗上的換了」：收顏色搭配一節；「四五樣顏色」句，突顯富有。

(2) 式樣多種：

「昨兒我開庫房，看見大板箱裏還有好幾疋銀紅蟬翼紗」：承上文「明兒給他把這窗上的換了」句而來；下文敍述式樣多種以誇示富有：

a「也有各樣折枝花樣的」。

d「也有流雲蝙蝠花樣的」。

c「也有百蝶穿花花樣的」。

連用「也有」二字，極寫式樣的繁多。

「顏色又鮮，紗又輕輭」：收式樣多種一節。

「我竟沒見這個樣的……想來一定是好的」：以疑惑不定之詞敍述，爲下文蓄勢；連鳳姐都不知道它的性質，因此可以想見它的不凡。

「呸！人人都說你沒有沒經過沒見過的……明兒還說嘴」：蓄積文勢，故意懸宕，引起讀者熱切的注意。「人人都說你沒有沒經過沒見過的」句，暗示鳳姐兒精明能幹。「薛姨媽等都笑說……連我們也聽聽」：薛姨媽等人也未聽過，進一層懸宕文意。「鳳姐兒也笑說……教給我罷」：開啓下文。

2. 主題：敍輭煙羅。

(1) 年代：「那個紗比你們的年紀還大呢」：極言其久。

(2) 性質：「怪不得他認做蟬翼紗……不知道的都認做蟬翼紗」：以蟬翼紗比擬，說明輭煙羅的性質，補敍上文年代句。

(3) 命名：「正經名字叫輭煙羅」：上文蓄積的文勢，至此才一筆勾出；上文懸宕的文意，至此才一筆點明。

「這個名兒也好聽……從沒有聽見過這個名色」：以鳳姐的精明能幹「沒有沒經過沒見過的」襯托輭煙羅的稀罕。

「你能活了多大……就說嘴來了」：文章敍述嚴肅面時，偶以一、二閒筆輕描淡寫無關緊要的事物，可使行文氣勢鬆緊相間，整體更爲和諧。

(4) 顏色：

a 雨過天青色。

b 秋香色；卽黃綠間色。

c 松綠色。

d 銀紅色。

「要是做了帳子……所以叫做輭煙羅」：補敍命名及性質，說明得名的由來。收束上文。

「那銀紅的又叫做霞影紗……也沒有這樣輭厚輕密了」：補敍銀紅色的輭煙羅，進一步敍述性質；以「如今上用的府紗」句，襯托輭煙羅的可貴。

「別說鳳丫頭沒見，連我也沒聽過」藉薛姨媽之口，襯托輭煙羅的難求。

「鳳姐兒一面說話，早命人取了一疋來了」：由論說輭煙羅，落實到詳視輭煙羅。

(5)用途：「可不是這個……拏銀紅的替他糊窗子」：輭煙羅可做爲糊窗屜、棉被、帳子等用途。

「衆人看了都稱讚不已」：收束本段上文。

3. 感慨：劉老老以鄉下人的口吻，說出心中的感想。

「劉老老也覷著眼看……豈不可惜」：劉老老以鄉下人的節省觀念，說出心中的感觸；暗含奢侈浪費的不該。「口裏不住的念佛」句，正是感傷的表現。

4. 餘波：再以布料襯托賈府的富有。

「鳳姐忙把自己身上穿的一件大紅綿紗襖的襟子拉出來……竟比不上這個」：以「身上穿的」與「內造」相比，突顯富有。

「這個薄片子還是說內造上用呢，竟連這個官用的也比不上啊」：進一步突顯富有。

「再找一找……仍命人送去」：收束輭煙羅全部文字。

三、離開瀟湘館；敍述以撐船遊樂爲主。文分兩層：

「這屋裏太窄，再往別處逛去罷」：文章的過峽。

㈠大小屋子，各異其趣：

1. 大房子：

(1)概說：「咋兒見了老太太正房……果然威武」：「咋兒」二字，追敘筆法；在大房子一節文字中，點出「威武」二字。

(2)詳敘：「那櫃子比我們一間房子還大……怎麽上得去呢」：以櫃子具體舖敘房子的確夠大；櫃子比房子還大，作著以夸飾的筆法突顯主題。

2. 小房子：「如今又見了這小屋子，更比大的越發齊整了」：在小房子一節文字中，點出「齊整」二字。

「滿屋裏東西……我越看越捨不得離了這裏」：進一層敘述小房子齊整的可愛。

大小房子並列敘述，但作者意有所偏；卽偏重在小房子上。

「還有好的呢……說著一徑離了瀟湘館」：收束大小房子一節。

「遠遠望見，池中一群人在那裏撐船」：開啓下文；照應首段「恐怕老太太高興」句。

㈡撐船遊樂：

1. 原因：「他們旣備下船，咱們就坐一回」：照應首段「恐怕老太太高興」句。

2. 地點：「說著，向紫菱洲、蓼漵一帶走來。」

3. 用餐：「來至池前……問老太太在那裏，就在那裏罷了」：暗示賈母地位的崇高。

「賈母聽說……我們從這裏坐了船去」：收束本段文字。

第四組：敘秋爽齋；以用餐情形突顯賈府的豪富。

「鳳姐兒聽說……就在曉翠堂上調開桌案」：開啓本段文字，並點出開飯地點—秋爽齋的曉翠堂。

「天天咱們說……咱們今兒也得了一個女清客了」：預爲下文的戲弄劉老老埋下伏筆。

「李紈是個厚道人……咱們今兒就拏他取個笑兒」：李紈、鳳姐的個性，昭然若揭。

「二人便如此這般商議」：收鳳姐、鴛鴦兩人計畫一節。

「你們一點好事兒不做……有我呢」：收蓄意戲弄一節。

一、飯前：

㈠就坐：「正說著……各自隨便坐下」：隨意坐下。

㈡遞茶：「先有丫鬟遞了茶來」：丫鬟的服侍。

㈢擺箸：「大家吃畢……按席擺下」：鳳姐的安排。

「把那一張小楠木桌子擡過來……忙擡了過來」：補敍劉老老的席位；明示賈母的關切。

「鳳姐一面遞眼色與鴛鴦……然後歸坐」：照應上文「二人便如此這般商議」，預爲下文的戲弄埋了伏筆。戲弄準備工作之一。

「薛姨媽是吃過飯來的……祇坐在一邊吃茶」：揷敍薛姨媽的情形；照應上文「姨太太來了。」

㈣席位：

1.「賈母帶著寶玉、湘雲、黛玉、寶釵一桌。」

2.「王夫人帶著迎春姐妹三人一桌。」

「劉老老挨著賈母一桌」：補敍劉老老的席位；照應上文「讓劉親家挨著我這邊坐」。

二、飯時：以戲弄劉老老爲主。

「賈母素日吃飯……巾帕之物」：敍賈母一般情形。

「如今鴛鴦是不當這差的了，今日偏接過麈尾來拂著」：敍特殊情形；戲弄準備工作之二。

「丫鬟們知他要捉弄劉老老，便躲開他」：收戲弄準備工作一節。

「鴛鴦一面侍立……姑娘放心」：照應上文「悄悄的囑咐了劉老老一席話。

㈠箸子沈重：

1. 情形：「那劉老老入了坐……不伏手。」

2. 原因：「原是鳳姐和鴛鴦商議定了，單拏了一雙老年四楞象牙鑲金筷子與劉老老。」

3. 感想：「劉老老見了……那裏拏的動他」：明知被人捉弄，不但不生氣，反而娛樂他人。

「說的衆人都笑起來」：收箸子沈重一節。

㈡餐前之語：

1. 上菜：「祇見一個媳婦……李紈端了一碗放在賈母桌上。」

「鳳姐偏揀了一碗鴿子蛋放在劉老老桌上」：戲弄準備工作之三；預爲下文夾蛋滑溜埋了伏筆。

2. 劉老老之語：「賈母這邊說聲請……一聲不語」；照應上文「悄悄的囑咐了劉老老一席話」；鳳姐與鴛鴦戲弄劉老老，囑咐他在用餐之前，應先說出此語，並「鼓著腮幫子，兩眼直視，一聲不語」。劉老老雖是鄉下婦女，却也歷盡滄桑，當知此中究竟，只是不想掃興，而娛樂他人罷了。

3. 衆人的反應：「衆人先還發怔……上上下下都一齊哈哈大笑起來」：起初不知何意，後來一想，才行豁然貫通。下文具體分述各人的反應：

(1) 湘雲：「撐不住，一口飯都噴出來。」

(2) 黛玉：「笑岔了氣……噯喲！」

(3)寶玉：「滾到賈母懷裏……心肝！」

(4)王夫人：「笑的用手指著鳳姐兒，却說不出話來」：暗點鳳姐捉弄的。

(5)薛姨媽：「也撐不住……噴了探春一裙子。」

(6)探春：「手裏的飯碗，都合在迎春身上。」

(7)惜春：「離了坐位……叫揉揉腸子。」

「地下無一個不彎腰屈背……也有忍著笑上來替她的姐妹換衣裳的」：收衆人的反應一節；「地下」、「彎腰屈背」，點出笑鬧的情形。

作者在此煞費筆墨，極寫熱哄哄的取鬧情形；襯托鳳姐鬼計的得逞，及劉老老的娛悅他人。以地位卑微的劉老老，作爲衆人取笑的對象，曹雪芹心中暗含著多少的感傷。

(8)鳳姐、鴛鴦：「二人撐著，還祇管讓劉老老」：戲弄他人，自已却能不動聲色，若無其事，才能達到娛樂的效果。

(三)吃食雞蛋：

「劉老老拏起箸來……我且得一個兒」：承「還祇管讓劉老老」句而來，是爲文章的過峽。

「衆人方住了笑……又笑起來」：照應上文，極寫「女清客」三字。

「賈母笑的眼淚出來……快別信他的話了」：明示戲弄者—鳳姐。

1. 勸食：「一兩銀子一個呢……冷了就不好吃了」：鳳姐存心看劉老老出醜。

2. 夾蛋：「劉老老便伸筷子要夾……好容易撮起一個來」：照應上文「單拏了一雙老年四楞象牙鑲金筷子與劉老老」及「偏揀了一碗鴿子蛋放在劉老老桌上」兩句；筷子沈重，鴿蛋小巧，正是鳳姐設計取鬧的方法。

3. 吃食：「纔伸著脖子要吃……滾在地下」：敍筷子沈重、鴿蛋小巧的結果。

4. 揀拾：「忙放下筷子……早有地下的人拾了出去了」：暗點浪費。

5. 感慨：「一兩銀子，也沒聽見個響聲兒就沒了」：作者以鄉下樸質的口吻，暗點賈府的浪費。

「衆人已沒心吃飯，都看著他取笑」：收吃食雞蛋一節。

「誰這會子又把那筷子拏了出來……也照樣換上一雙烏木鑲銀的」：收飯前一節。

「去了金的……到底不及俺們那個伏手」：只重實用，不求奢華，正是劉老老鄉下婦女的本色。

「菜裏要有毒……就試的出來」：不失慧黠、捉弄的習性。

「這個菜裏有毒……也要吃盡了」：劉老老以豁達的心胸，娛悅他人。

「賈母見他如此有趣……賈母等都往探春臥室中去閒話」：收束本段文字。

批評

本文以賈府的豪富爲經，以劉老老的樸質爲緯；在豪富的鋪敍中，作者每每借用劉老老之口，感歎、諷諭奢侈浪費的不當；期能改變當時的社會風氣，提醒富人多多懷恤可憐的人們。錦上添花者多，雪中送炭者少；朱門肉有餘臭，途中却有餓殍；在縱情聲色、奢靡浪費的同時，是否也能想想那些輾轉溝壑之中的窮苦人們，正是曹雪芹心中最大的寄望。

「滿紙荒唐言，一把辛酸淚；都云作者痴，誰解其中味？」曹雪芹從小生活在繁華的家庭中，曾過享受奢侈的日子；後來其家不幸獲罪被抄，生活陷入困境，幾乎無法生活。在窮愁潦倒之際，曹雪芹將自己的遭遇，與平生的所見所聞，撰成紅樓夢一書；藉以鑑戒世人，發抒心中的感歎。

作者刻意塑造劉老老的造型、意象非常鮮明；筆調細膩，性情躍然紙上，使人歎爲觀止。縱觀全文，劉老老具有數種特質：

一、純樸：劉老老雖然歷盡滄桑，但仍不失赤子之心，保有純樸的美德：在現實的社會裏，能夠保有天眞、善良的本性，涵容他人，以誠待人的人太少了；這就是賈府上下喜歡劉老老的主要原因。如六段劉老老比較大小房子各異其趣後，說：「滿屋裏東西，都祇好看，可不知叫什麼。我越看越捨不得離了這裏！」把心中的喜歡，很自然的表達出來，這就是他可愛的地方。

二、節省：來自鄉下的農村婦女，保有純樸的習性，凡事絕不浪費；作者文中雖未明示節省，却用襯托的方式寫出。如末段吃食雞蛋時，劉老老夾起雞蛋不愼掉落地上，「忙放下筷子，要親自去拾」；但「早有地下的人拾了出去了。」因此劉老老感歎的說：「一兩銀子，也沒聽見個響聲兒就沒了！」讀了令人也覺得可惜。

三、實用：凡事崇尙實用，不求奢華，是作者藉劉老老諷諭的另一重點。如五段衆人正稱讚輭煙羅的稀罕貴重時，劉老老却說：「我們想做衣裳也不能，拏著糊窗子，豈不可惜？」站在藝術欣賞的立場上看，似乎很煞風景；但若就其奢華處論之，實在令人感歎。

四、豁達：劉老老能夠贏得賈府上下的歡心，就是因爲心胸豁達。不但不會牽怒他人，惱羞成恨；反而調笑自己，愉悅他人。這種胸襟，若非眞能洞澈世俗、了解人性，則必不能達到如此境地。如末段用餐之前，劉老老明知鳳姐與鴛鴦計畫戲弄自己，却仍站起身來，高聲說道：「老劉！老劉！食量大如牛，吃個老母豬不擡頭！」委屬難得。

五、爲人設想：具有古道熱腸，時時替人著想的劉老老，本是曹雪芹用心塑造的個性。放眼社會人情冷暖，到處翻雲覆雨，怎能使人不生驚歎？作者假借劉老老的心存仁恕，盼能激起世人一絲良知。如四段劉老老進了瀟湘館，惟恐中間羊腸石子漫路不夠衆人行走，於是自己走在土地上，表現一片篤厚而仁恕的心懷，實在令人感動。

作者塑造劉老老這位人物，當有深刻的用意。就本文而言，寓有：

一、藉劉老老之口，突顯賈府的豪富。賈府雖然富有，但通篇始終未嘗提到「富」字；只用襯托的方式，從劉老老的口中說出。如三段敍沁芳亭的美好，作者並沒有刻意的描繪，只藉劉老老以圖畫比喻的方法舖敍，暗點賈府的富有。

二、藉敍劉老老，交待故事情節。以對話的方式敍述，雖能切中要點，但文章往往會有鬆散的缺點；本文在文章的過峽上，爲使上下文更能銜接一氣、緊湊嚴謹；爲使故事情節交待淸楚；所以作者偶而藉著敍述劉老老，很有技巧的過峽文章。如四段「又領著劉老老都見識見識」、「劉老老因見窗下案上設著筆硯，又見書架上放著滿滿的書，便問道：這必定是那位哥兒的書房了」等是。

三、藉劉老老之口，發抒感歎。作者化身劉老老，以賈府影射當時豪富的奢靡，大發感歎。如末段鳳姐爲他換上烏木鑲銀的筷子，劉老老說：「去了金的，又是銀的；到底不及俺們那個伏手」；暗示何必又金又銀，只要實用舒適就夠了；浪費奢侈是不應該的，只要適意就行了。

行文上，本文文字看似平淡，却能描繪出絢燦的生活；以最平易的色彩，塗出賈府豔麗的裝飾；作者的文字表達能力，實在熟練。如四段「這那裏像個小姐的繡房，竟比那上等的書房還好」，突顯林黛玉閨房的精緻；六段「那櫃子比我們一間房子還大、還高。怪道後院子裏有個梯子，我想又不上屋曬東西，預備這梯子做甚麽？後來我想起來，定是爲開頂櫃，取東西」，突顯屋子的雄偉高大等是。

以襯托的方式突顯主題，更是本文最大的特色。如舖敍賈府的富有、描摩劉老老的質樸、發抒心中的感慨等，作者每每運用閒筆襯托，不從正面敍述，因此更使主題明確，意象鮮明。

細膩的刻畫人物，使刁蠻精明的鳳姐、崇高尊貴的賈母、樸質無機的劉老老等人，都能栩栩如生的呈現在你我眼前；使當日大觀園嬉笑歡樂的聲音，依稀迴繞在人們的耳畔。

文章分析略表

- 劉老老 — 富貴
  - 大觀樓
    - 綴錦樓
      - 進入原因 — 搬運傢俱
      - 閣內景物 — 「五彩閃灼，各有奇妙」
      - → 「搬了下來」
    - 簪花妝飾
      - 賈母情形 — 揀一朵大紅的插上
      - 劉老老情形 — 橫三豎四，插了一頭
      - → 劉老老自我解嘲
    - → 至沁芳亭
  - 沁芳亭 — 劉老老以圖畫比喻，盛讚美好 — 至瀟湘館
  - 瀟湘館
    - 沿途
      - 景物 — 翠竹、蒼苔、羊腸小道
      - 行走 — 劉老老滑倒，衆人大笑
      - → 賈母命丫頭搥搥，劉老老自言並不嬌嫩
    - 館內
      - 寒喧 — 點出主人
      - 擺設 — 書房，突顯富有
      - 環視 — 賈母尋找寶玉
      - 閒話家常 — 以顏色式樣襯出輭煙羅，誇飾富有
      - → 閒聊
    - 離館
      - 大小房子，各異其趣
      - 撐船遊樂
      - → 「從這裏坐了船去」
    - → 至秋爽齋
  - 秋爽齋
    - 飯前 — 就坐、遞茶、擺箸、席位
    - （戲弄）
      - 箸子沈重，鳳姐安排
      - 餐前之語，逗笑衆人
    - 飯時
      - 吃食雞蛋，感慨浪費
    - → 「賈母把自己的菜也都端過來與他吃」
- → 大觀園

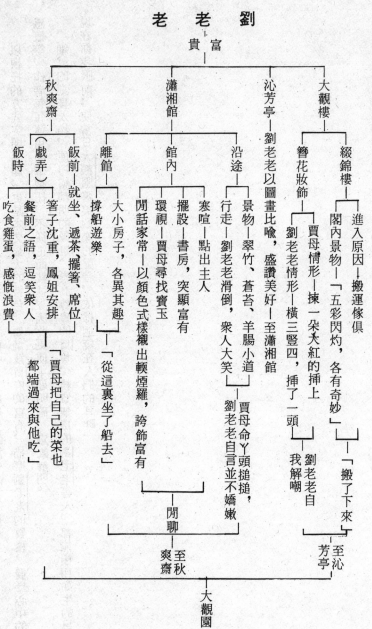

一八 詩選

㈠五言律詩

月夜憶舍弟

杜甫

戍鼓斷人行，邊秋一雁聲。露從今夜白，月是故鄉明。有弟皆分散，無家問死生。寄書長不達，況乃未休兵。

分析

唐肅宗即位靈武，杜甫從鄜州奔向行在，中途爲安祿山所獲，拘送長安。後，杜甫間道奔向鳳翔，晉謁肅宗，拜官左拾遺。當時宰相房琯兵敗被黜，杜甫上疏力爭，爲肅宗所惡，欲加問罪；幸賴張鎬拯救，才能免除災難；出任華州司功參軍。乾元二年，因關輔各地兵荒馬亂，杜甫飢寒難耐，於是拋官棄職，携帶家眷，西入秦州，賴其從姪杜佐接濟，且自種蔬菜，採拾藥材維生。月夜憶舍弟一詩，即作於秦州秋天。

本詩以「憶」字爲線眼，敍寫兵戰荒亂、兄弟相離的苦楚。詩分前後兩部：

前部：敍景；寫兵亂中異鄉的月夜。

一、背景：就國家而言：

1.戰時：「戍鼓」：點出當時局勢是爲兵荒馬亂之時。乾元二年，史思明攻破東京、安史之亂爭戰不休。

「斷人行」：承「戍鼓」而來；補敍戰爭到處，人煙稀少，惟見蕭條淒涼之景；暗示親人相離的原因。「戍鼓斷人行」爲下文「況乃未休兵」預埋伏筆。

2.作者所在：「邊秋」：「邊」字，點出作者當時所在之處；「秋」字，點出時令。

「一雁聲」：「一字」，極寫孤獨；雁群哀鳴，氣氛已經淒涼不堪，何況「孤雁」啼叫呢？雁，信鳥，秋季南飛；作者家居襄陽，地處秦州之南，因此見雁起興，抒寫思鄉之情。

「邊秋一雁聲」爲後部憶弟預埋伏筆。

二、懷鄉：就個人而言。

1.季節：「露從今夜白」：照應上文「邊秋一雁聲」的「秋」字，以節氣說明季節。觸景生情，爲下句預作張本。暗點懷鄉。

2.思鄉：「月是故鄉明」：明示懷鄉。

「從」、「是」二字，暗點「憶」字。身處異鄉，只覺白露越發白了，頗有蕭瑟淒涼、寒氣逼人的感覺；月光雖然到處一樣，但仍以故鄉的最爲明澈可愛，寓含「憶」字。明王嗣奭杜臆云：「對月而憶弟，覺露增其白，但月不如故鄉之明；蓋情異而景爲之變也。」即境隨心轉之意。

後部：抒情；寫家園殘破，兄弟分散；縱想寄書，也將無由傳達的苦痛；點出「憶弟」之情。

一、兄弟分散：「有弟皆分散」：杜甫有兩位弟弟；一在河南、一在山東，作者却在甘肅，兄弟分散三地；感歎不能享有天倫之樂，照應上文「一雁聲」。

二、家園殘破：「無家問死生」：杜甫攜帶家眷至秦州，兄弟分散各地，所以說是「無家」
「寄書長不達」：極言兵亂之時，收「有弟皆分散，無家問死生」一節。
「況乃未休兵」：極言時局紛亂，照應「戍鼓斷人行」，收前部文字。

批評

以景襯情，是此詩最大的特色；欲訴衷情，却不明言，只用景物隱約襯托出來，暗示心中無限的感傷，誠屬高妙。如「邊秋」襯托「戍鼓」，增加淒涼的氣氛；「一雁聲」襯托「邊秋」，極寫景物的蕭條；「露從今夜白」襯托「月是故鄉明」，勾畫愁人的悒鬱；確實難能可貴。

宋王得臣麈史：「子美善用故事及常語，多倒其句而用之。蓋如此則語峻而體健，意亦深穩矣。如『露從今夜白，月是故鄉月』之類是也。」故意顛倒字句，以「白」、「明」二字曳尾，頗爲矯健有力。

前部敍景部分，不著思念一字；然懷鄉憶弟之情，自在言外。

後部抒情部分，委曲言情，寄寓深刻，含有數層意思：1. 有弟而分散。2. 諸弟皆分散。3. 分散而不得聯絡。4. 生死不可問。5. 欲寄書信探知。6. 兵亂書信不能寄達。7. 干戈未息。情感愈轉愈深，令人低徊不已。

詩文分析略表

月夜憶舍弟

- 憶
  - 敍景
    - 背景
      - 戰時——「戍鼓斷人行」
      - 作者所在——「邊秋一雁聲」
      - ——就國家而言
    - 懷鄉
      - 季節——「露從今夜白」——暗點懷鄉
      - 思鄉——「月是故鄉明」——明示懷鄉
      - ——就個人而言
    - ——「況乃未休兵」
  - 抒情
    - 兄弟分散——「有弟皆分散」
    - 家園殘破——「無家問死生」
    - ——「寄書長不達」
  - ——憶

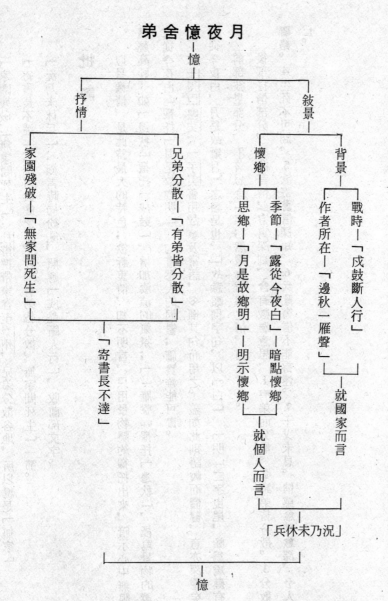

旅夜書懷

杜甫

細草微風岸，危檣獨夜舟。星垂平野濶，月湧大江流。名豈文章著？官應老病休。
飄飄何所似？天地一沙鷗。

——杜工部集——

分析

唐代宗永泰元年，嚴武坐鎮蜀地，表杜甫爲節度使署參謀。杜甫日夜忙碌於幕府之中，頗以爲苦，因此呈請辭職，回到成都城西浣花溪畔草堂，親自耕種，自食其力。不久，嚴武病逝，杜甫失去依恃，不得不携眷離去開成都，買舟東下。此詩作於往重慶、忠縣之時。

此爲述懷之詩；以「懷」字爲線眼，藉景抒情，敍寫心中的感觸；頗有高放曠達之趣。詩分前後兩部：

前部：敍景，寫「旅夜」所見的景物。

一、近覽：

㈠日景：「細草微風岸」：陸上之景；微風吹著細草，岸邊一片和諧；敍恬謐之情。

㈡夜景：「危檣獨夜舟」：水上之景；四處靜寂，舟船獨自漂流；敍悲涼之情。

二、遠眺：承「危檣獨夜舟」而來，開啓頷聯兩句。「舟」字，暗點作者係從船上眺景；「夜」字，明示夜景。

㈠陸上之景：「星垂平野濶」：星光臨照之下，平野顯得格外遼濶；因爲：

1. 四面寂寥，予人空茫的感覺。

2.星光直瀉大地，無遠弗屆，給人曠濶的感受。

(二)水上之景：「月湧大江流」：月光躍動水面，江水不斷向前奔流；頗有豪壯、凜烈的盛狀。近覽之景意境優雅，用語輕盈，氣氛恬靜；遠眺之景意境壯濶，用語雄壯，氣勢暢盛；一近一遠，一柔一壯之間，情韻深遠，趣味屢生。

後部：抒情：寫晚年漂泊、放曠不拘的胸襟。

一、心志：

(一)揚筆：「名豈文章著」：以反詰語氣托出胸中的大志；不以文章—立言名世，却想以功業—立功不朽；與曹植企求「建永世之業，留金石之功」，不以「翰墨爲勳績，辭賦爲君子」的抱負相同。

(二)抑筆：「官應老病休」：雖然胸懷大志，却因老病而不得不休辭官職，感歎一事無成；與曹操「老驥伏櫪，志在千里」的感觸一樣。

二、感歎：敍一生的遭遇。

「飄飄何所似，天地一沙鷗」：「飄飄」，極寫孤獨無依、流徙不定的情形。以江上的沙鷗，比喻自己的漂泊無依；語雖淒涼，却見瀟灑曠達的襟懷。

批評

「飄飄何所似，天地一沙鷗」句，情景結合，蒼涼之中寓有悲壯之情；既不失於沈鬱呻吟，也不流入怨天尤人，充分刻畫杜甫磊落不羈的偉大胸襟。

此詩用字靈活，描景深刻。如「細草微風岸」的「細」、「微」二字，勾出優美的景物，大地呈現一片柔和。「危檣獨夜舟」的「危」字，突顯舟船漂泊江中，孤寂無奈的樣子；「危」、「獨」二字配合，襯出淒涼、感傷的氣氛。「星垂平野闊」的「星」字，把天幕降低下來，使平野更見開闊。「月湧大江流」的「湧」字，形容波濤洶湧，月光在水中閃爍，點點金黃，令人目眩神搖。

詩文分析略表

旅夜書懷——懷

- 敍景
  - 近覽
    - 日景——「細草微風岸」——陸上之景
    - 夜景——「危檣獨夜舟」——水上之景
  - 遠眺
    - 陸上之景——「星垂平野闊」
    - 水上之景——「月湧大江流」
  - （「危檣獨夜舟」、「星垂平野闊」、「月湧大江流」）——夜景
  - （陸上之景、夜景）——旅夜
- 抒情
  - 揚筆——「名豈文章著」
  - 抑筆——「官應老病休」
  - （揚筆、抑筆）——心志（書懷）
- （旅夜、心志）——「飄飄何所似，天地一沙鷗」

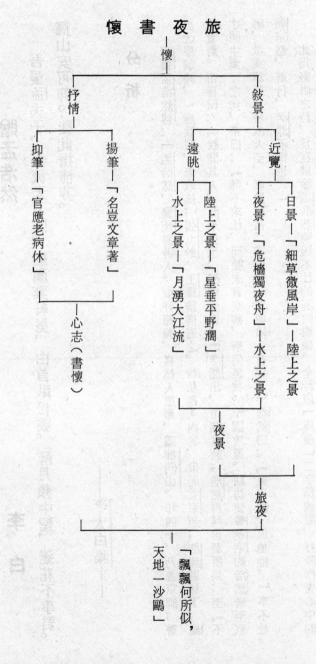

贈孟浩然　李白

吾愛孟夫子，風流天下聞。紅顏棄軒冕，白首臥松雲。醉月頻中聖，迷花不事君。高山安可仰？徒此揖清芬。

——李太白集——

分析

唐書孟浩然傳：「孟浩然，襄州襄陽人。少好節義，喜拯人患難，隱鹿門山。年四十，乃遊京師；嘗於太學賦詩，一座歎服，無敢抗；張九齡、王維雅稱道之。維私邀入內署，俄而玄宗至；浩然匿牀下，維以實對。帝喜曰：『朕聞其人，而未見也；何懼而匿？』浩然出，帝問其詩；浩然再拜自誦所為；至『不才明主棄』之句，帝曰：『卿不求仕，而朕未嘗棄卿，奈何誣我？』因放還。採訪使韓朝宗約浩然偕至京師，欲薦諸朝；會故人至，劇飲歡甚。或曰：『君與韓公有期。』浩然曰：『業已飲，遑恤他。』卒不赴。朝宗怒，辭行，浩然不悔也。」

此為寄贈之詩，旨在舖除孟浩然隱居不仕的高尚襟懷。全詩以「風流」二字為線眼，抒陳作者心中的仰慕之意。詩分前後兩部：

前部：敍述：贊美浩然高蹈山林、不求仕宦的清節。

一、總說：以「風流」二字勾出孟浩然的形象，預為下文「高山安可仰」句埋下伏筆。

㈠作者的贊美：「吾愛孟夫子」：以「愛」字表現心中的崇敬；文端點明主題，下文再行詳敍。

㈡一般人的贊美：「風流天下聞」：「風流」二字，為上句「愛」字提出原因，並作為全文的總綱。

二、詳敍：提出具體事實舖敍「風流」二字。

㈠少不出仕：「紅顏棄軒冕」：敍其豪放不羈。

㈡老隱山林：「白首臥松雲」：敍其恬靜淡泊。

㈢嗜好喝酒：「醉月頻中聖」：敍其高雅不俗。

㈣喜愛花草：「迷花不事君」：敍其不求名利。

後部：議論，抒其嚮往之情，並收束全詩。

一、嚮慕：「高山安可仰」：以反詰語氣逼使文氣沸騰。詩經小雅車舝：「高山仰止，景行行止。四牡騑騑，六轡如琴。覯爾新昏，以慰我心。」本敍迎娶成禮，返家途中的情形。司馬遷在史記孔子世家贊中，引「高山仰止，景行行止，雖不能至，然心嚮往之」，抒其崇敬之忱。李白「高山安可仰」句，係根據史記孔子世家贊之意而來。

二、感歎：「徒此揖清芬」：孟浩然人格崇高，作者自歎無法追及，與史記孔子世家贊的「雖不能至，然心嚮往之」同趣。

批評

以「風流」二字為線眼，伏脈全詩；詩端勾出作者的敬佩之情，點明「風流」二字，作為全文的總綱；列舉四大事實，作為「風流」的註腳。詩末借史記引用詩經贊美孔子之意，表達內心的嚮慕，氣勢在「高山安可仰」句沸騰到最高點；布局也稱嚴謹。

一、臨洞庭上張丞相詩

八月湖水平，涵虛混太清。氣蒸雲夢澤，波撼岳陽城。欲濟無舟楫，端居恥聖明。坐觀垂釣者，徒有羨魚情。

清紀昀批瀛奎律髓云：「此襄陽求荐之作；前半望洞庭湖，後半贈張相公。只以望洞庭托意，不露干乞之痕。」

二、歸終南山

北闕休上書，南山歸敝廬。不才明主棄，多病故人疎。白髮催年老，青陽逼歲除。永懷愁不寐；松月夜窗虛。

宋計敏夫唐詩紀事云：「明皇以張說之荐召浩然，令誦所作；乃誦北闕休上書云云。帝曰：『卿不求朕，豈朕棄卿？何不云：氣蒸雲夢澤，波撼岳陽城？』因是故棄。」

詩文分析略表

贈孟浩然

風流敘述
- 總說
  - 作者的贊美 —「吾愛孟夫子」
  - 一般人的贊美 —「風流天下聞」
  - —概述孟氏形象
- 詳敘
  - 少不出仕 —「紅顏棄軒冕」
  - 老隱山林 —「白首臥松雲」
  - 嗜好喝酒 —「醉月頻中聖」
  - 喜愛花草 —「迷花不事君」
  - —「風流」具體事實
- 議論
  - 嚮慕 —「高山安可仰」
  - 感歎 —「徒此揖清芬」

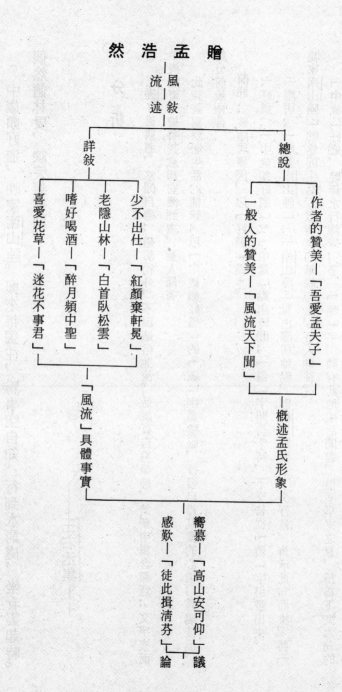

終南別業　　王維

中歲頗好道，晚家南山陲。興來每獨往，勝事空自知。行到水窮處，坐看雲起時。偶然值林叟，談笑無還期。

——王右丞集——

分析

王維好佛慕道，悠閒自適；超然物外，不與塵俗並流。恬淡裏自有樂趣，清新中寓含深意；文字表面平淡無奇，細嚼其意却玄機到處，發人深省。

此詩敍寫隱居生活的情味；以「中歲頗好道」的「道」字爲線眼，抒發自得其樂的心境；確屬佳品。

詩分前後兩部：

前部：敍隱居原因，以「好道」爲主。

一、好道：「中歲頗好道」：「中歲」點出時間；「道」字開啓全詩，下文皆從「道」字引發出來。

二、隱居：「晚家南山陲」：「南山陲」點出隱居地點，即輞川別墅。下文抒敍，皆承此句而來，將「晚家南山陲」的悠閒生活，以清淡的筆觸勾出，令人神往。

「中歲」好道，晚年才行隱居；著一「晚」字，頗有此地生活閒適，恨不早來之意，預爲下文六句的張本。

後部：敍隱居生活；以「興來」爲主。

一、遊賞：

1.原因：「興來」：隨興而往，不「以心爲形役」，不受外物的拘牽，呈現一片悠然的心境。「興來」二字，是爲下文六句的伏脈。

2.人物：「每獨往」：「獨」字，點出個人隨興，不受俗人牽累；「每」字，照應上文「興來」，極寫適意的情形。

3.景色：「勝事」：於諸般佳景中，作者並不刻意而具體的描寫；只拈出「勝事」二字，籠括一切景色，與全詩清淡的意境相襯。

4.感歎：「空自知」：如此佳景，宜使衆人欣賞；奈何人多沈湎名利，不能絕棄俗緣，所以作者著一「空」字，頗有不勝欷歔之意。

「興」、「每」二字，極寫悠然適意；「獨」、「空」、「自」三字，極寫不與俗流；作者飄逸的襟懷，表露無遺；用字很是靈活。

二、悟道：承上文「遊賞」而悟道。

1.敍：「行到水窮處」：承上文而來，極寫「興來」遊賞的快樂；直到水源盡頭，點出作者遊興的高昂。

2.議：「坐看雲起時」：承上句而來，因遊賞而悟道；寓情於景，仍以清淡的筆調勾出。人生多轉折，「窮則變，變則通」；走到水源盡頭，本是窮厄之時；但作者却能仰望天上浮雲，開拓更爲高遠的意境，此爲通達之心，與陸游的「山重水複疑無路，柳暗花明又一村」同具趣味。

「偶然値林叟，談笑無還期」：悟道之語；補敍上文「悟道」二句。「偶然」、「無還期」二句，寫盡悠閒自在，不受牽絆的情形。「林叟」二字，點出隨遇而安，照應下文「興來」二字。總收全詩；與陶淵明移居「聞多素心人，樂與數晨夕」、「鄰曲時時來，抗言談在昔」同具趣味。

批評

此詩全用平淡的文字，勾繪清新的意境；轉折天成，無跡可尋，却能自成層次；對句自然，絲毫不作勉強黏湊。色彩樸拙，寄意却很深刻。如「興來每獨往，勝事空自知」，寓含自得其樂，悠然閒適的心懷。「行到水窮處，坐看雲起時」，寓含否極泰來，通達樂觀的心懷。「偶然值林叟，談笑無還期」，寓含自然流露，不事虛假的心懷等是。

王維喜歡取用他人的名句，融入自己的詩歌裏；如「行到水窮處，坐看雲起時」，本是英華集中的詩句，作者不加裁剪變化，直接引述詩中；若非詩才高妙，必然露出格格不入的痕跡。

附錄：酬張少府

晚年惟好靜，萬事不關心。自顧無長策，空知返舊林。松風吹解帶，山月照彈琴。君問窮通理，漁歌入浦深。

詩文分析略表

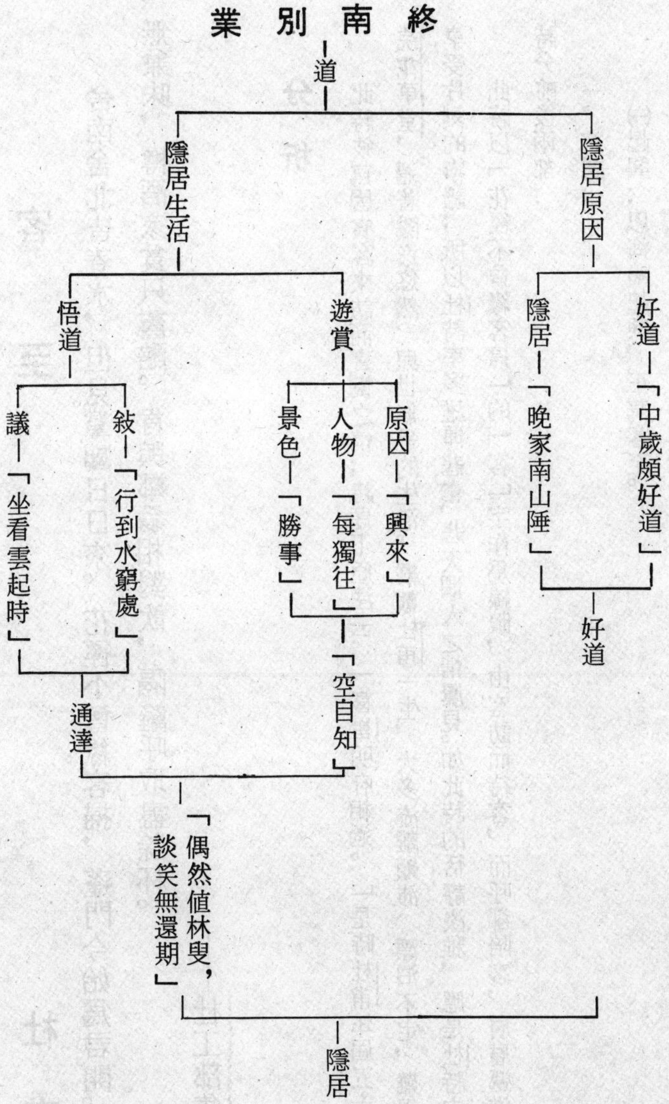
終南別業
道
隱居原因
好道
「中歲頗好道」
隱居
「晚家南山陲」
好道
隱居生活
遊賞
原因
「興來」
人物
「每獨往」
景色
「勝事」
「空自知」
悟道
敍
「行到水窮處」
議
「坐看雲起時」
通達
「偶然值林叟，
談笑無還期」
隱居

㈡七言律詩

客　至　　杜　甫

舍南舍北皆春水，但見羣鷗日日來。花徑不曾緣客掃，蓬門今始爲君開。盤飧市遠無兼味，樽酒家貧只舊醅。肯與鄰翁相對飲，隔籬呼取盡餘杯。

——杜工部集——

分　析

此詩敍寫因賓客來訪而喜悅之情；詩題下原注云：「喜崔明府相過。」是時杜甫年屆五十，居於成都浣花草堂，過著隱逸悠然、與世無爭的生活。縱觀杜甫一生，大多流離顚沛、漂泊不定，難得定居下來，享受片刻的寧謐；所以杜詩率多雄渾悲鬱，悲天憫人之情屢見。如此詩的恬靜淡雅，應是杜詩中罕見的雋品。

此詩以「花徑不曾緣客掃」的「客」字作爲線眼，由客訪而待客，而呼鄰陪客，層層遞進，轉折自然。

詩分前後兩部：

一、客訪：

㈠起興：以海鷗起興，正寫客至。

1. 地面環境：「舍南舍北皆春水」：屋舍四周，盡是春水旋繞，隱含雅人襟懷，居處恬靜。又，周遭盡是水流，隔開塵俗汚染，暗示詩人的清節。「春水」點出時令。

2.空中環境：「但見群鷗日日來」：鷗鳥成群，表示此地人煙稀少；「日日」兩字，補敘「群鷗」，寫盡此地的僻靜。暗點「客至」。

陶淵明「采菊東籬下，悠然見南山」；杜甫俯視春水，戲觀群鷗；兩人各具其趣；均能襯出雅而不俗、恬淡適志的心懷。

詩端兩句，連用疊字，音調明快，頗有愜意悠然的趣味。

(二)主題：明寫客至；以「花徑」、「蓬門」作具體的敘述。

1.平常情形：「花徑不曾緣客掃」：「花徑」二字，照應上文「春水」，襯托一片春意盎然、花木扶疏的景色；暗示杜甫愛花的本性。「不曾緣客掃」，因爲：

(1)詩人酷愛花木；所以花兒雖已凋零，乃然不忍掃去。

(2)落花繽紛，別是一種春景，討人喜歡。

(3)客人很少來到，極寫環境的悠雅。

(4)詩人不輕易接待客人；今爲君掃，表示作者對崔明府的來訪，很感高興。

2.今日情形：「蓬門今始爲君開」：照應上文「但見群鷗日日來」句，點出崔明府的來訪；收束以上四句。

二、待客；只以「飲酒」一事作具體的敘述；將作者的生活情形—恬淡，殷勤招待—呼鄰，表露無遺。

(一)招待：

1.菜肴：「盤飧市遠無兼味」：「市遠」照應上文「蓬門」二字，寫盡作者遠離俗塵，生活清淡的情形。

2.樽酒：「樽酒家貧只舊醅」：「市遠」、「無兼味」、「舊醅」暗點貧窮；「家貧」明示貧窮。作者雖無佳肴、美酒待客，却將家中現有的東西拿出款客，毫無矯飾，眞情流露。

㈡助興：

1.設問：「肯與鄰翁相對飲」：此地僻靜，人跡罕至；只有鄰翁可與共飲。呼鄰共飲，突顯作者待客的殷勤。

2.助飲：「隔籬呼取盡餘杯」：鄰翁助興，飲盡餘杯，襯出作者豪邁的個性與殷勤的招待。

批評

此詩轉折自然，上下銜接不著痕跡。如以群鷗起興，引入正題—客至；以菜肴、飲酒待客、呼鄰共飲助興，襯出作者的殷勤；平淡中頗含層遞的美。彼此照應，首尾圓合；如「客至」照應「群鷗」、「花徑」照應「春水」、「蓬門」照應「花徑」：「只舊醅」照應「無兼味」等是；詩句一氣呵成，圓融天成。情感自然流露，是此詩最大的特色。如以「群鷗」暗點「胸無機心」，物我相親」；描寫家貧，有「無兼味」、「只舊醅」等句；描寫殷勤招待，有呼鄰助興等句；絲毫不加矯飾。用字襯境，也是此詩的特色之一。如舖敍恬淡的生活，有春水環繞、群鷗日來；花徑不掃，蓬門常掩等句；令人神往不已。

詩文分析略表

客至

- 客
  - 客訪
    - 起興
      - 地面環境——「舍南舍北皆春水」
      - 空中環境——「但見群鷗日日來」
      - → 春季
    - 主題
      - 平常情形——「花徑不曾緣客掃」
      - 今日情形——「蓬門今始爲君開」
      - → 客至
    - → 欣喜
  - 待客
    - 招待
      - 菜肴——「盤飧市遠無兼味」
      - 樽酒——「樽酒家貧只舊醅」
      - → 貧窮
    - 助興
      - 設問——「肯與鄰翁相對飲」
      - 助飲——「隔籬呼取盡餘杯」
      - → 暢飲
    - → 殷勤
  - → 陶然忘機

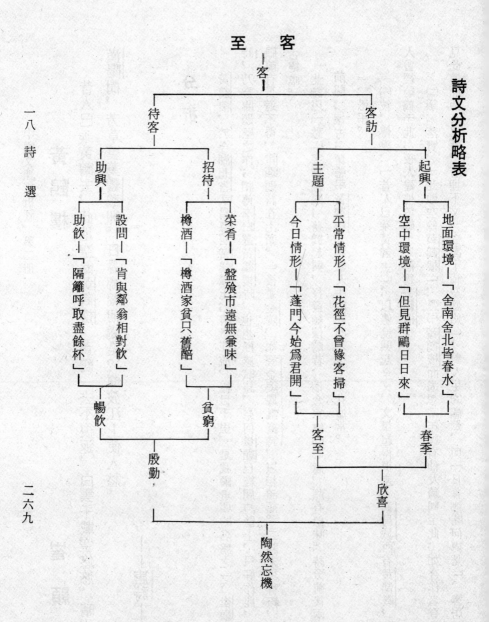

黃鶴樓　　崔顥

昔人已乘黃鶴去，此地空餘黃鶴樓。黃鶴一去不復返，白雲千載空悠悠。晴川歷歷漢陽樹，芳草萋萋鸚鵡洲。日暮鄉關何處是？煙波江上使人愁。

——唐詩——

分析

黃鶴樓，於今湖北省武昌縣西黃鵠磯上；俯瞰江流，極目千里，是我國重要的名勝之一。崔顥黃鶴樓詩，乃登臨題壁之作；相傳李白遊黃鶴樓時，也想抒感賦詩，奈何崔顥已經題詩壁上，只好作罷，說：「眼前有景道不得，崔顥題詩在上頭。」後遊金陵，作登金陵鳳凰臺詩，以相頡頏。二詩未可軒輊，均屬千古絕唱。

此詩以「愁」字爲線眼；藉鶴起興，抒發緬懷疇昔、懷念家鄉的心意，頗有餘味。詩分前後兩部：

前部：懷古；藉憑弔黃鶴樓，感歎人生的往而不復、變化無常。

一、憑弔。

㈠敘：傳說：「昔人已乘黃鶴去」：以傳說興起全文，文筆起得很遠。武昌城西有黃鵠磯，相傳仙人曾經騎鶴至此；後人建樓於磯上，稱爲黃鶴樓。

㈡議：落實：「此地空餘黃鶴樓」：憑弔黃鶴樓而遙想當年曾有仙人騎鶴至此；如今作者登臨，徒見此樓而仙人已逝，暗埋下文「白雲千載空悠悠」、對人生的感歎，與「日暮鄉關何處是」、客居他鄉的愁思。

「昔」、「空」兩字，襯出作者對於人生短暫、變化莫測的感歎。

二、抒情。

㈠敍：記實：「黃鶴一去不復返」：照應上文「昔人已乘黃鶴去」，開啓下句的感歎。

㈡議：感歎：「白雲千載空悠悠」：收束上文三句；因「不復返」而感歎，因感歎而思及生命的短暫與無奈。文字表面似乎只是敍景，但實際上却已寄寓了深情。「千載」，反襯人生的短暫；「悠悠」，正是詩人無窮無盡的浩歎。「此地空餘黃鶴樓」與此句的「空」字，將生命不能長久的無奈，和盤托出，發人深省。

後部：懷鄉。

一、敍景：就眼前景色描繪起興，開啓下文。

㈠陸景：「晴川歷歷漢陽樹」：「晴」字，點出日景；「歷歷」，明示景色清晰，照應「晴」字；「漢陽樹」標出陸景。景色怡人，預爲下文思鄉的張本。

㈡水景：「芳草萋萋鸚鵡洲」：春光迷人，用來反襯下文的思鄉。

二、抒情：

㈠思鄉：「日暮鄉關何處是」：「日暮」點出夕陽；太陽西斜，倦鳥都已歸巢；只有客居他鄉的遊子，觸景生情，滿懷愁緒。上文藉「黃鶴一去不復返」，說明了人生的無奈。生命短暫，瞬間卽逝；何必客居他鄉，別親離子，徒然感傷漂泊。

㈡寄情：「煙波江上使人愁」：詩端以傳說開啓文端，文筆起得很遠，氣勢壯濶；末了以描景方式寄託情感，又把文筆推向遠方，頗有含蓄不盡的美。

批評

藉憑弔黃鶴樓，抒發對於人生的感歎；從人生的感歎中，引起對於故鄉的懷念。人生短暫，何必客遊他鄉？此詩由大及小，層層轉進，扣人心弦。詩端起筆很遠，末了又推遠去，頗有茫然飄渺、不可逆測的空曠感；油然興起「寄蜉游於天地，渺滄海之一粟」的感慨。

詩中「昔人」、「此地」與「一去」、「千載」對比；「悠悠」、「歷歷」、「萋萋」等運用疊字；促使音調跌宕昂揚，激發豪壯的風骨。「晴川」「芳草」兩句，色彩鮮明；「日暮」、「煙波」兩句，色彩灰黯；頗能襯出作者的心境。

敍寫自然，不稍矯飾；用語平易，寄寓深刻；銜接順當，不著痕跡；懷古之中，自有悲壯；思鄉之內，每蘊豪情；短短篇幅，却將詩人獨特的風骨，展現無遺。無怪乎嚴羽滄浪詩話譽爲「唐人七律詩，當以此爲第一。」

詩文分析略表

黃鶴樓

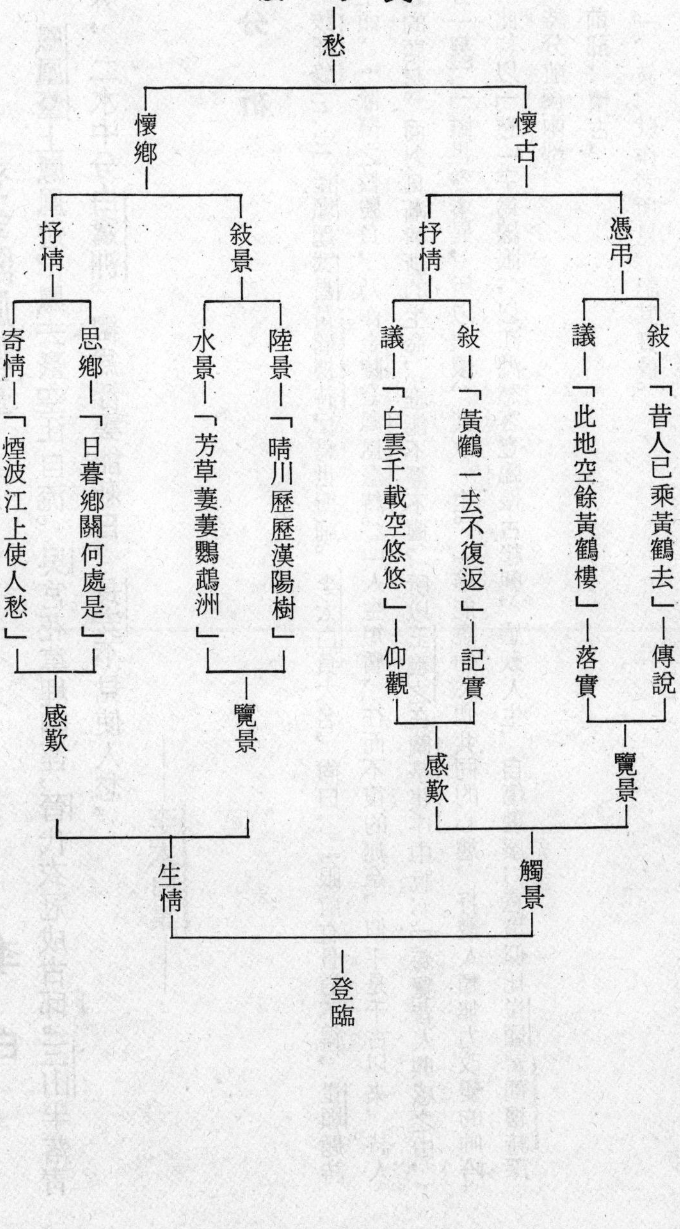
愁
懷古
懷鄉
憑弔
抒情
敘景
抒情
敘
「昔人已乘黃鶴去」
傳說
議
「此地空餘黃鶴樓」
落實
覽景
敘
「黃鶴一去不復返」
記實
議
「白雲千載空悠悠」
仰觀
感歎
觸景
陸景
「晴川歷歷漢陽樹」
水景
「芳草萋萋鸚鵡洲」
覽景
思鄉
「日暮鄉關何處是」
寄情
「煙波江上使人愁」
感歎
生情
登臨

登金陵鳳凰臺

李白

鳳凰臺上鳳凰遊，鳳去臺空江自流。吳宮花草埋幽徑，晉代衣冠成古邱。三山半落青天外，二水中分白鷺洲。總爲浮雲能蔽日，長安不見使人愁。

——李太白集——

分析

該聞錄云：「崔顥題武昌黃鶴樓詩，爲世所誦。李太白負大名，尙曰：『眼前有景道不得，崔顥題詩在上頭。』欲擬之較勝負，乃作金陵登鳳凰臺詩。」人生短暫、往而不復的無奈，似乎是千古以來，詩人詠歎的題材。面對日漸消逝的生命，誰能不憂不懼？所以王羲之在蘭亭集序中說：「每覽昔人興感之由，若合一契」、「雖世殊事異，所以興懷，其致一也。」確能窺知人們共同的心態，抒發人類無力改變的呻吟。此詩以「愁」字爲線眼；以江湖愁客登臨懷古起興，感歎人生，自傷讒廢；意境似比崔顥黃鶴樓詩深遠。詩分前後兩部：

前部：懷古，

一、敍：就作者所見，記其實景。

㈠登臨遊賞：「鳳凰臺上鳳凰遊」：「鳳凰臺」三字，開啓全文；詩中所有文字，均由此句引發。江南通志：「宋元嘉十六年，有三鳥翔集山間；文彩五色，狀如孔雀，時人謂之鳳凰。起臺於山，謂之鳳凰臺。」故址於今南京市中華門內西南隅。

㈡所見景色：「鳳去臺空江自流」：不見鳳凰，但瞧江水不斷奔流。「臺空」，寓含人生不能久長，終歸消失；「江自流」，寓含「逝者如斯，不舍晝夜」；人生在世，如同過客一般；瞬間即逝，徒恨江流不斷，正如往而不復的生命。作者藉景寄情，暗點心中的感受，爲下文預作張本。

二、議：觸景生情，不禁發出浩歎；以吳宮花草、晉代衣冠昔盛今逝，勾出對於生命的無奈。

㈠吳宮花草：「埋幽徑」：當時盛況，羨煞多少世人；如今伴同塵泥，埋入幽徑之中，怎能不生感歎？

㈡晉代衣冠：「成古邱」：昔時顯貴，豪氣千丈；而今但見纍纍古墳，散落荒山野外，豈能不發感慨？

以具體的事物，抒發情感；如同以可見的比喻，摩狀抽象的音樂；易於使人接受、體會，而引起共鳴。於浩翰的歷史洪流中，舉戰國時代；於戰國時代中，舉吳、晉兩國；於吳、晉兩國中，舉花草、衣冠代表，抒發心中的感受。如此敍寫，可使文章具體而不空泛；筆力凝聚一點，擊出萬鈞的威力，令人不得不感震撼。

後部：懷君。

一、敍景：

㈠仰觀：「三山半落青天外」：感慨之餘，舉目眺遠；但見茫茫天地中，惟有三山聳峙青天之外；愈感人類的渺小。

㈡遠眺：「二水中分白鷺洲」：喟歎之下，眺望遠方；只見二水壯濶，切分白鷺洲上；愈覺生命的無奈。

高山雄峙，亙古不變；水流不斷，未嘗消失；只有可憐的生命，不能禁住數十寒暑。下文落實於現實中，感慨遠離君國、憂讒畏譏、效忠無門的心情；「形在江海之上，心存魏闕之下」，正是作者人格的再現。

二、感歎：

㈠起興：「總爲浮雲能蔽日」：以浮雲蔽日興起下句，暗點憂君畏讒的心懷。

㈡主題：「長安不見使人愁」：歸出心中的懸結，明示憂君畏讒的心懷。

批評

李白此詩原想與崔顥爭勝，所以取用黃鶴樓詩的原韻；（流邱二韻不同）詩端句法，也似乎刻意的模倣崔詩，藉登臨一事起興，暢敍塊壘。（最能自然成趣者爲洲字韻）兩詩抒描方式，雖多雷同；但也各具殊趣：

一、就內容說：

㈠意境：同以登臨起興，引發感歎；但崔詩以懷鄉作結，李詩以懷君作結；李詩意境似比崔詩深遠。

㈡景物：崔詩「晴川歷歷漢陽樹，芳草萋萋鸚鵡洲」，色彩鮮明，圖繪一幅清新怡人的春景；李詩「三山半落青天外，二水中分白鷺洲」，氣勢壯濶，勾畫一處豪壯雄偉的自然；一柔一剛，各異其趣。

二、就章法說

㈠布局：登樓覽景，喟歎人生；落實實際，感慨遭遇；兩詩布局手法相同；惟收束部分有別。

㈡轉折：崔詩上下相銜，雖然嚴謹，但仍不若李詩的緜密。李詩次句緊挨首句「鳳」字而來；下舉實例抒感，藉景傷情，歸出懷君一事，轉折似乎更為圓融。

㈢用字：

(1)崔詩運用三組疊字，對比文意，音調頗為和諧；氣骨雄渾，盛於李詩。

(2)李詩以「不見長安」暗點「登」字，以「總」字敘寫歷史通例；寄意更為深刻。

(3)崔詩「黃鶴」，純寫仙人出世之事，李詩「鳳凰」，則可聯想人間入世之情。出世令人徒然嚮往，不易引起共鳴；入世貼切人性，每能激人深省。

詩文分析略表

登金陵鳳凰臺

- 愁
  - 懷古
    - 敘
      - 登臨遊賞—「鳳凰臺上鳳凰遊」
      - 所見晨色—「鳳去臺空江自流」
      - ——覽景
    - 議
      - 吳宮花草—「埋幽徑」
      - 晉代衣冠—「成古邱」
      - ——感歎
    - ——憑弔
  - 懷君
    - 敘景
      - 仰觀—「三山半落青天外」
      - 遠眺—「二水中分白鷺洲」
      - ——覽景
    - 感歎
      - 起興—「總爲浮雲能蔽日」
      - 主題—「長安不見使人愁」
      - ——感歎
    - ——觸景傷情
  - ——登臨

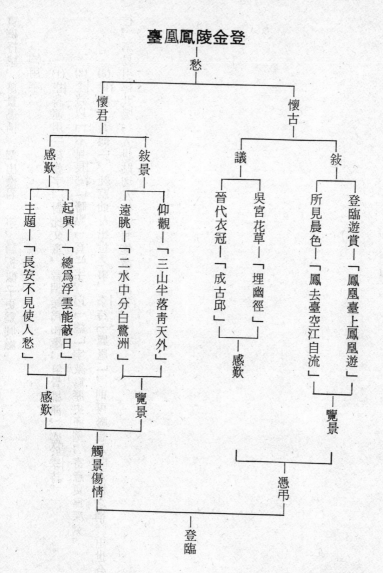

望月有感　白居易

時難年荒世業空，弟兄羈旅各西東。田園寥落干戈後，骨肉流離道路中。弔影分為千里雁，辭根散作九秋蓬。共看明月應垂淚，一夜鄉心五處同。

——白氏長慶集——

分析

此詩原題：「自河南經亂，關內阻饑，兄弟離散，各在一處。因望月有感，聊書所懷，寄上浮梁大兄、於潛七兄、烏江十五兄，兼示符離及下邽弟妹。」係作者貶謫江州司馬時所作。全詩一氣貫注，緜密而下，前六句寫兄弟骨肉離散，末兩句寫望月思鄉思親；眞情流露，令人心動不已。

此詩以「骨肉流離道路中」的「流離」二字為線眼，敍亂後掛念諸兄弟妹的深厚情感；造語平易，不事雕琢，頗能動人。詩分前後兩部：

前部：敍兄弟離散。

一、離散原因：

㈠「時難」：點出戰亂。

㈡「年荒」：承「時難」而來，敍戰亂的影響；就國家而言。

㈢「世業空」：承「時難」而來，敍戰亂的影響；就個人而言。

「弟兄羈旅各西東」：承上句而來，收上述三則原因；點出題文「望月有感」的「感」字，乃在於懷念兄弟上。

二、補敍離散原因，進一層抒寫情感。

㈠補敍「時難年荒世業空」：

1. 敍實：「田園寥落」：照應「世業空」。

2. 原因：「干戈後」：照應「時難年荒」。

㈡補敍「弟兄羈旅各西東」：

1. 敍人：「骨肉」：照應「弟兄」。

2. 敍實：「流離道路中」：照應「羈旅各西東」。

三、離散情形：就「各西東」句詳加舖敍。

㈠敍己：「弔影分爲千里雁」：「弔影」，作者自己；「千里雁」，諸兄弟妹。形影相弔，孤苦自憐，如同失群在千里之外的孤雁。點出「流離」二字。

㈡敍諸兄弟妹：「辭根散作九秋蓬」：照應上文「各西東」句；以秋天離根蓬草的隨風飄散，點出「流離」二字。「根」，照應上文「田園」二字，並爲下文的思鄉思親預埋伏筆。

後部：敍思鄉思親。

一、起興：「共看明月應垂淚」：明月總是引人愁思；客居異鄉的遊子，想到兄弟「牽攣乖隔」、「共看明月」的時候，怎能不滴眼淚？「應」字，作者以己度人，爲兄弟設想；如此敍寫，更能見出彼此感情的深厚。

二、議論：「一夜鄉心五處同」：承上句「共看明月」而來，明示「流離」兩字，並總收全詩。

批評

白居易詩多平淡、質樸，不堆砌辭藻，不矯造意境；純就心中感觸抒描，因此詩文率多平易近人。此詩全用白描方式鋪陳，既不用典，也缺麗辭；只說平常的話語，只道常人的感受；但詩中寫盡遊子旅居他鄉的愁思，自然流露深厚的眞情，委屬高妙。

此詩轉折天成，銜接自然；正如羚羊掛角，無跡可尋一般。八句一氣呵成，絲毫沒有停頓滯塞的地方，這是此詩最大的特色。蘅塘退士評此詩云：「一氣貫注，八句如同一句，與少陵聞官軍作，同一格律。」確屬的當之論。

附錄：聞官軍收河南河北

劍外忽傳收薊北，初聞涕淚滿衣裳。却看妻子愁何在？漫卷詩書喜欲狂。白日放歌須縱酒，青春作伴好還鄉。即從巴峽穿巫峽，便下襄陽向洛陽。

詩文分析略表

望月有感

- 流離難
  - 兄弟離散
    - 原因
      - 「時難」、「年荒」——「干戈後」
      - 「世業空」——「田園寥落」
      - 敍人——「骨肉」
      - 敍實——「流離道路中」
      - ——「弟兄羈旅各西東」
    - 離散情形
      - 自己——「弔影分爲千里雁」
      - 諸兄弟妹——「辭根散作九秋蓬」
      - ——「各西東」
  - 思鄉思親
    - 起興——「共看明月應垂淚」
    - 議論——「一夜鄉心五處同」
    - ——感歎
- ——流離

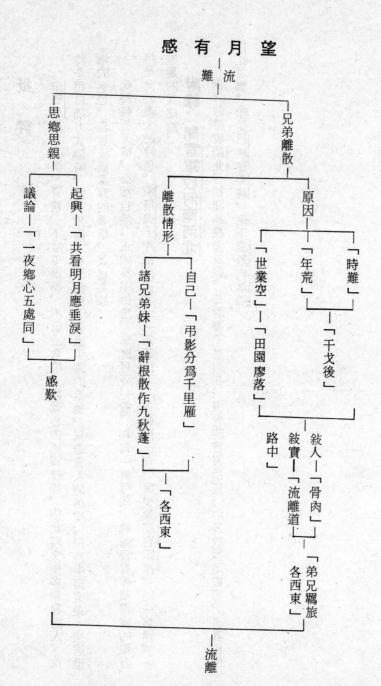